AI는 차별을
인간에게서 배운다

AI는 차별을
인간에게서 배운다

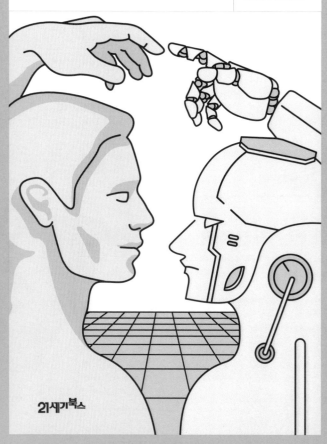

서가
명강
22

인간과 기술의 공존을 위해
다시 세우는 정의

고학수 지음

서울대학교
법학전문대학원 교수

21세기북스

인문학
人文學, Humanities

언어학, 역사학, 종교학,
문학, 고고학, 미학, 철학

사회과학
社會科學, Social Science

경영학, 심리학, 정치학, 사회학,
외교학, 경제학, 법학

자연과학
自然科學, Natural Science

과학, 수학, 천문학,
물리학, 생물학,
화학, 의학

공학
工學, Engineering

기계공학, 전기공학, 컴퓨터공학,
재료공학, 건축공학, 산업공학

법학
法學,
Science of Law

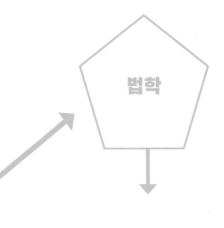

법학이란?
法學, Science of Law; Jurisprudence

사회가 있는 곳에는 어떤 형태로든 법이 항상 존재한다. 법학은 온갖
유형의 법에 대해 분류하고, 분석하고, 설명하고, 해석하고, 비판하는
등의 작업을 한다. 실정법에 대해 다루기도 하지만, 실정법의 범위를
넘는 규범의 영역을 연구하기도 하고 판례에 관해서도 연구한다. 또한
법에 대한 해석이 위주가 될 수도 있고 법정책적 시각에서의 분석과
방향제시를 염두에 둔 연구도 있다. '법은 무엇인가'와 같은 근본적인
질문에 대한 답을 찾기 위한 노력도 한다. 철학, 윤리학, 경제학, 사회학,
심리학, 인류학, 언론학, 역사학, 문학, 통계학 등 여러 영역의 학문적 접근
방법이 적극적으로 활용되는 경우도 있다. 사회가 복잡해지고 기술발전이
지속적으로 이루어지면서, 법학의 대상이나 방법론도 지속적으로
다양해지고 있다. 데이터나 인공지능과 관련된 법적 분석은 최근에 관심이
크게 늘어난 영역의 하나이다.

이 책을 읽기 전에 주요 키워드

인공지능(人工知能, artificial intelligence)

컴퓨터가 인간의 문제해결 능력이나 의사결정 능력 등을 모방하도록 하는 것을 말한다. 인간의 학습능력과 추론능력, 지각능력, 자연언어의 이해능력 등 다양한 능력을 컴퓨터 프로그램으로 구현하는 형태로 구체화된다. 연구가 축적되고 기술이 발전하면서 인공지능의 개념과 범위 또한 변화하고 있다.

정형 데이터(structured data)

흔히 표의 형태로 정리되고 관리될 수 있는 정량적 데이터를 말한다. 체계적인 관리가 상대적으로 쉬운 유형의 데이터다. 엑셀과 같은 스프레드 시트를 통해 정리될 수 있는 데이터는 대체로 정형 데이터다. 관계형 데이터베이스를 구축하여 정리와 분석, 활용이 원활하게 이루어지도록 할 수 있다.

비정형 데이터(unstructured data)

그림이나 영상처럼 정의된 구조가 없이 정형화되지 않은 데이터를 말한다. 동영상 파일, 오디오 파일, 사진, 메신저 대화, 메일 본문 등이 이에 속한다. 일상적으로는 점차 더욱 늘어나고 있는 유형의 데이터이고, 분석을 통해 풍부한 함의를 도출할 수 있는 잠재력이 많은 데이터이기도 하다. 다른 한편, 전통적인 관계형 데이터베이스 방식으로는 관리가 어렵고 실제로 유용한 함의를 도출하는 과정이 쉽지 않을 수 있다.

확증편향(confirmation bias)

개인이 자신의 생각과 일치하거나 일관성을 보이는 정보를 선호하거나, 좀 더 잘 기억하거나, 좀 더 적극적으로 찾아보는 등의 경향을 말한다. 미디어의 이용과 관련해서는 이용자들이 자신의 생각에 부합하는 정보를 더 빈번하게 또는 선택적으로 접하게 되면서 자신의 평소 선호나 성향을 더욱 강화하게 될 가능성에 관해 주로 언급된다. 여러 맥락에서 나타날 수 있는 다양한 현상을 총체적으로 언급하는 표현인데, 구체적인 개별 현상을 두고 확증편향이라 부를 수 있을지에 관해서는 적지 않은 논란이 존재할 수 있다.

프로파일링(profiling)

개인의 특징에 관해 정보를 수집하고 분류하여 유형화하는 것을 말한다. 예를 들어, 소셜미디어(SNS) 이용자들로부터 다양한 정보를 수집한 뒤 분석 과정을 거쳐 이용자들을 유형화하는 것이다. 이로부터 이용자 유형별로 맞춤형 서비스를 제공하는 등의 작업을 하게 된다. 이 과정은 이용자 개개인에 대한 상세한 파악을 하는 과정을 반드시 의미하지는 않는다. 그보다, 이용자들을 그룹화하여 통계에 기반한 일반화와 추론을 하는 것을 의미한다.

알고리즘(algorithm)

연산 등 정해진 목적의 달성을 위해서 밟아야 하는 단계들에 대해 구체화하여 정해놓은 것을 말한다. 알고리즘은 인공지능과 무관하게 오랫동안 존재해온 개념인데, 인공지능의 발전과 함께 알고리즘의 중요성이 더욱 강조되고 있다. 인공지능은 알고리즘을 활용하여 이미지 인식이나 자연어처리를 비롯하여 매우 다양한 유형의 분류와 판단을 하게 되기 때문이다.

인공지능 차별(AI discrimination)

인공지능을 활용한 의사결정은 공정해야 한다는 것이 인공지능 윤리의 중요한 원칙의 하나로 흔히 언급된다. 공정한 인공지능의 구현을 위해서는 인공지능이 차별적 의사결정을 하지 않는 것이 중요하다. 개념적으로 차별은 직접차별과 간접차별로 구분할 수 있는데, 이를 인공지능 맥락에서는 어떻게 재해석할 것인지에 관해 논의가 이루어지고 있다. 인공지능 차별의 개념은 실제로는 매우 다양한 개념 지표를 포괄할 수 있어서, 이로부터 어떻게 측정가능한(measurable) 지표를 도출할 것인지, 그리고 다양한 공정성 지표(fairness metrics)를 어떻게 체계화하여 정리할 것인지에 관해서도 논의가 진행되고 있다.

차례

"우리 사회가 장차 어떤 인공지능 시대를 맞이할 것인지에 관한 윤곽을 잡아가는 데에 있어 현시점의 논의가 결정적인 역할을 할 것이다."

인공지능 시대, 다시 정의란 무엇인가

인공지능은 이제 이 시대를 대표하는 기술적 흐름이 되었다. 기술의 성숙도가 높아지면서, 알게 모르게 일상생활의 일부에 인공지능 기술이 계속해서 스며들고 있다. 스마트폰을 이용하여 문자 메시지를 보내는 과정에서 추천 표현이 제시되는 것도 인공지능 기술이 이용되는 것이고, 동영상이나 영화 서비스의 제공 과정에서 추천이 이루어지는 것에도 인공지능이 이용된다. 인공지능은 배달로봇이나 안내로봇, 자율주행차 등의 하드웨어에 장착되어 작동되기도 한다. 더 나아가, 금융이나 의료를 포함하여 전통적으로 높은 전문성이 요구되어 온 영역 또는 민감성이 높은 영역에서도 인공지능의 활용도는 높아지고 있다.

인공지능은 이처럼 대학교 연구실이나 기업의 연구부서를 벗어나 사회생활의 일부가 되고 있다. 그와 함께, 인공지능이 우리의 일상을 어떻게 바꾸고 있는지, 어떤 사회적 시각에서 인공지능을 바라봐야 할지에 관한 문제의식이 점차 더욱 중요하게 대두되고 있다. 인공지능은 여러 가지로 우리의 생활을 편리하게 해줄 기술인 것이 분명하지만, 그와 동시에 사회에 본격적으로 도입되는 과정에서 자칫하면 여러 가지의 부작용을 불러일으킬 가능성도 있다. 그런 점에서, 앞으로 인공지능이 일상화되는 시대를 맞이하면서 어떤 자세로 이를 받아들일지에 관해 관심을 가지는 것은 매우 중요하다. 어떤 판단이 내려지는지에 따라서 인공지능은 우리의 삶을 매우 윤택하게 해주는 도구가 될 수도 있고, 반대로 인공지능이 우리의 삶에 도움이 되지 않거나 경우에 따라서는 삶을 더욱 힘겹게 할 가능성도 있다.

이러한 사회적 판단은 개개인의 삶은 물론 국가적인 차원에서도 중요한 것이다. 세계의 많은 나라가 국가정책적인 차원에서 인공지능에 적극적인 관심을 표명하고 투자전략을 마련하고 있는 한편, 이들 나라들이 그리고 있는 인공지능의 미래상은 제각기 다른 모습인 것이 현실이다. 어떤 미래상을 그리면서 인공지능에 대한 정책적 판단을 하는지에 따라, 개별 국가의 사회상도 달라지고 국가 경쟁력도 달라질 전망이다.

그런 점에서, 인공지능의 사회적 영향을 어떻게 바라볼 것인지는 지극히 개인적인 차원의 판단인 동시에 국가정책적인 판단이기도 하다. 따라서 인공지능 기술이 본격적으로 사회에 도입되고 있는 현 시점에 사회적인 관점에서 이를 어떻게 바라볼 것인지 정리하는 것은 여러모로 중요하다.

인공지능을 바라보는 시각은 실로 매우 다양하다. 인공지능이 가져올 장밋빛 유토피아를 그리는 시각도 있는 한편, 반대로 커다란 우려를 보이는 시각도 있다. 그런데 어느 쪽이건 극단적인 시각은 적지 않은 경우에 기술의 현주소에 대한 이해부족을 반영하는 것일 가능성이 높다. 이 책은 이런 간극을 채우기 위한 시도의 일환이다. 개인의 판단이건 국가정책적인 판단이건, 출발점은 인공지능 기술이 작동하는 메커니즘에 대한 이해 그리고 그러한 메커니즘이 일상과 사회에 어떤 형태로 영향을 미치게 되는지에 관해 객관적인 시각에서 바라보는 것이다.

특히 최근에는 인공지능과 관련된 혐오발언 문제, 공정성 문제, 투명성 문제 등 넓게 '인공지능 윤리'와 관련된 이슈들이 빠르게 부각되기 시작했다. 이는 인공지능 기술의 본격적인 도입 과정에서 우리 사회가 필연적으로 마주칠 수밖에 없는 중요한 이슈들이다. 이러한 이슈들을 얼마나 지혜롭게 정리해가는지에 따라 우리의 미래는 매우 밝은 것이 될 수도 있고 그 반대로 암울한 것이 될 가능성도 열려 있다.

인공지능을 둘러싼 빠른 변화는 무한한 가능성을 열어주는 것이기도 하지만 자칫하면 불필요한 혼란과 불안감을 야기할 가능성도 있다. 이 책을 통해, 어떤 유용한 가능성이 열려 있는지 그리고 정당한 문제제기라 할 수 있는 것은 어떤 유형의 이슈들인지 가늠하는 데에 도움이 되기를 바란다. 그리하여 우리 사회가 인공지능을 품은 밝은 미래를 만들어갈 수 있기를 바란다.

이 책을 준비하기 위한 첫 논의는 일찌감치 2019년에 시작되었다. 실제 강의를 기초로 하여 이를 책으로 엮는 작업을 구상했던 것인데, 2020년 들어 코로나19로 인한 사회적 거리두기가 진행되면서 한 차례의 강의만 진행한 뒤

나머지 강의는 무기한 연기되었다. 결국 2021년 들어 청중이 없는 형태로 새로이 강의를 녹화하게 되었고, 그로부터 원고 작업이 진행되었다.

이런 오랜 과정 속에서 계속 관심을 보여주신 21세기북스 관계자 여러분께 감사의 뜻을 전한다. 특히 첫 단계에서 많은 아이디어를 내고 도움을 주신 장보라 (전) 본부장님, 그리고 실제로 근사한 책자로 만들어내는 과정에서 많이 애써주신 이지예 과장님께 감사드린다. 원고 초고를 읽고 유용한 의견을 제시해준 임도균 변호사와 장호준 박사과정생에게도 감사의 말씀을 드린다.

2022년 1월

고학수

1부_____

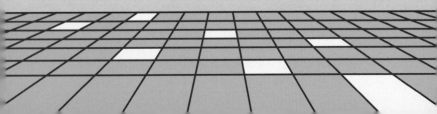

우리는

이미

인공지능
세계에　살고
있다

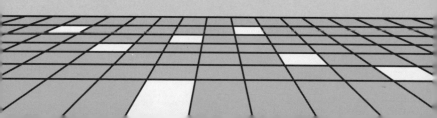

모두가 인공지능 시대를 이야기한다. 우리 사회는 인공지능 덕분에 여기저기에서 급격한 혁신을 맞고 있다. 그런데 인공지능 기술은 어떻게 작동하는 것이고, 현재 어느 수준에 도달해 있는 걸까? 또한 인터넷 이용자 모두가 대상이 되는 데이터 수집과 프로파일링이 어떤 것인지 알아보자.

인공지능을 둘러싼
뜨거운 쟁점들

인공지능이 판결하는 시대가 온다?

우리 사회에서 인공지능에 대한 관심은 지난 몇 년 사이에 비약적으로 증가했다. 하지만 실제 인공지능 기술은 2차 세계대전 무렵부터 발전하기 시작한 것으로, 최근에 갑자기 등장한 것은 아니다. 인공지능 기술은 처음 등장한 이후로 부침을 겪다 최근 몇 년 사이에 폭발적으로 많은 관심을 받게 되었다.

생각해보면 최근 인공지능이 사회적 화두로 등장하기 전에는 '빅데이터'라는 표현이 마치 시대를 상징하는 개념처럼 많이 언급되었다. 그렇게 보면 데이터가 중요한 시대가 되었다는 인식은 10여 년 전부터 본격적으로 나타난 것 같다. 그리고 인공지능이 사회의 관심으로 급부상하게 된 것이 대략 5~6년 전부터인 것 같다. 국내에서 인공지능에 대한 사회적 관심이 늘어나게 된 가장 큰 계기는 아마도 인공지능 바둑 프로그램 알파고의 등장이라 할 수 있을 것이다. 이후 인공지능은 흔히 사용하는 일상어가 되다시피 했다.

로스쿨 소속인 필자가 흔히 듣는 질문 중 하나는, '머지않아 인공지능이 판결하는 시대가 오지 않겠는가?' 하는 것이다. 이는 인공지능 판사나 검사, 인공지능 변호사에 대한 질문이다. 언론에서도 인공지능 시대를 맞아 인공지능 판검사의 등장을 상상하는 듯한 내용이 담긴 기사를 반복적으로 볼 수 있다. "AI가 판결하는 법정은 더 공정할까?", "로봇 검사·AI 판사 나오나… 법조계 우려·기대 교차", "AI 판사가 나를 단죄한다면…"과 같은 제목의 기사다.

이런 기사들이 저변에 깔고 있는 문제의식은 대체로 유사하다. '인간 판사', 즉 우리가 실제로 접하는 법관들의 판결에 대해 아쉬움을 느끼는 경우가 종종 나타난다는 것이다. 인간 판사의 판결이 과연 옳은 것인지 그리고 공정한 것인지 의심하면서, 그 대안으로서 '인공지능 판사는 어떠한가'라는 질문을 하는 것을 어렵지 않게 접할 수 있다. 언론에서 인공지능 판사를 언급하는 경우에, 그런 말에는 '인공지능 판사가 나타난다면 그러한 인공지능 판사는 편견 없이 정확하고 공정한 판결을 하지 않을까?'라는 기대가 담겨 있는 경우가 적지 않은 것으로 보인다.

하지만 인공지능 판사의 등장은 쉬운 일이 아니다. 예를 들어 알파고에게 세상의 모든 법 조항을 학습시킨 후 사실관계를 판단하게 하면, 과연 얼마나 정확하고 공정한 답을 줄 수 있을까? 이 책의 설명을 통해 조금씩 명확해지겠지만, 현재의 기술 수준을 전제로 할 때 인공지능 판사가 출현하여 인간 판사를 본격적으로 대체하는 것은 불가능하다. 현실적으로 인공지능이 할 수 있는 것은, 판사의 업무 효율성을 높여주거나 단순한 계산 실수 등 불필요한 실수를 줄여주는 보조적 역할 위주일 가능성이 크다.

설사 법 조항에 기초한 정확한 판단을 할 수 있는 인공지능 판사를 만들어내는 것이 가능하다고 가정하더라도 인공지능 판사에게는 시대 의식이 부족할 수밖에 없다는 또 다른 한계가 있다. 실제로 최고 법원인 대법원이 스스로 기존의 판례를 뒤집는 경우도 있다. 이것을 '판례의 변경'이라고 한다. 기존의 판례와는 맞지 않더라도 현 시점에서 새롭게 판단해서 판례를 바꾸기로 하는, 넓은 의미의 정책적 판단을 법원에서 하는 것이다. 그런데 인공지능의 경우에는 그런 판단이 불가능하다. 인공지능의 판단은 기존의 법령과 판례에 기초한 '학습 데이터'를 이용하여 이루어지는 것이기 원칙이기 때문이다.

결국 인공지능 판사가 본격적으로 도입되어 사람의 역할을 대체하는 시대가 조만간 올 것이라고 보기는 어렵다. 다만 판사가 업무를 수행하는 데에 있어 일정 부분 도움을 주는 역할은 인공지능에게 부여될 수 있다. 사실 판사의 업무는 재판에만 국한되지 않을뿐더러 재판 진행의 과정에 집중하여 생각해보더라도 매우 다양한 업무가 포함되어 있다. 그중 일부 단순한 업무에 대해서는 인공지능이 도움을 줄 수 있다. 또한 판사의 본질적 역할에 속하는 업무에 대해서도 인공지능을 활용하여 참고나 도움이 되도록 하는 사례도 나타나고 있다. 이러한 잠재적 활용도는 기술 발전에 따라 차츰 늘어날 전망이다.

더 넓게 보면, 판사의 업무는 물론 사회 여러 맥락에서 인공지능 기술의 도입이 늘어날 것이다. 그리고 이러한 인공지능 기술의 도입은 우리의 삶을 편리하고 윤택하게 해줄 것이다. 그와 동시에 인공지능을 활용한 의사결정이 올바르고 공정한 것인지에 관한 질문은 계속해서 제기될 것이다. 물론, 인간 판사의 판단을 비롯한 인간의 판단이 올바른 것인지에 대한 질문 또한 계속해서 제기될 것이다.

인공지능 챗봇 '이루다'가 못 이룬 것은?

2021년 초에 사회적으로 많은 논란이 되었던 인공지능 챗봇 '이루다'에 대해 생각해보자. 이루다 기술은 시장에 나온 지 한 달도 채 되지 않은 짧은 기간에 급속도로 사람들의 관심을 끌었다. 빠르게 관심이 커진 동시에 사회적 논란 또한 매우 빠르게 발생했다. 이루다와 관련된 논란을 통해 우리는 매우 흥미로운 시사점을 몇 가지 얻을 수 있었다. 크게 개인정보 보호와 관련해서 바라볼 이슈들과 인공지능 윤리의 측면에서 바라볼 이슈들로 나누어 생각할 수 있다.

먼저 인공지능 윤리의 측면에서 이루다 서비스를 어떻게 바라볼 것인지 생각해보자. 인공지능 윤리의 개념 자체에 대해 사실은 많은 논의가 필요하다. 그에 관해 이 책을 통해 좀 더 구체적으로 살펴보겠지만, 우선은 인공지능과 관련하여 사회규범의 차원에서 문제 제기나 논란이 나타날 수 있는 다양한 유형의 사안을 포괄적으로 의미한다고 볼 수 있다. 언론을 통해 많이 보도된 것과 같이, 이루다 서비스의 제공 과정에서 성희롱적 발언과 함께 성소수자라든가 장애인 등 우리 사회의 소수자 그룹에 속하는 사람들에 대한 차별적이고 혐오적인 발언이 등장하여 논란이 된 바 있다. 일부 이용자들이 이루다를 상대로 성희롱 대화를 유도하기도 했고, 또한 동성애자에 관한 질문에 대해 "예민하게 반응해서 미안한데 난 그거 진짜 싫어, 혐오스러워"라는 식의 혐오 발언이 나타나기도 했다.

그런데 이용자들은 이루다 서비스를 통해 무엇을 기대한 것일까? 이루다는 채팅 서비스다. 기술적 관점에서 이루다의 가장 큰 성취는 자연스러운 대화다. 이 서비스는 채팅을 통해서 이용자와 이루다 사이에 편하게 대화를 하는 상황을 구현한 것인데, 대화가 상당히 자연스러웠다는 것은 기술적으로는 매우 중요한 성취라 할 수 있다. 제공된 서비스의 구체적인 표현은 실제로 친밀한 20대 사이에서 주고받을 법한 자연스러운 것이었고, 한 차례의 일회성 응답이 아니라 대화를 통한 상호작용이 가능한 형태로 서비스가 제공된 것도 중요한 성취였다.

자연스러운 대화가 가능했던 가장 큰 이유는, 당초 인공지능 챗봇 모형을 개발하는 단계에서 학습 데이터를 구축하여 1단계 학습을 진행한 후에 2단계로 '응답 데이터베이스'를 이용하여 검색retrieval-based 모형을 활용한 것이 배경에 있는 것으로 보인다. 검색 모형과 대비되는 방식으로 생성generative 모형이 있다. 이 모형은 학습 데이터를 활용하여 챗봇 모형을 개발한 뒤 챗봇 대화의 과정에서 새로운 표현을 생성해내는 방식이다. 일반론적으로 생성 모형을 이용하면 좀 더 다양한 표현의 가능성이 열리게 된다. 한편, 검색 모형은 챗봇 대화의 과정에서 응답 데이터베이스에 담겨 있는 표현 중에서 가장 적절한 응답을 추출하여 챗봇 대화의 상대방에서 제시하는 방식이다. 검색 모형을 이용하면 좀 더 자연스러운 표현의 제시가 가능할 수 있다.

어쨌든 이처럼 자연스러운 대화가 가능했다는 것이 이루다 서비스와 관련된 가장 큰 기술적 강점이었던 것 같다. 그렇다 보니 사용자 입장에서는 기대 수준을 한층 더 높이게 된 것으로 보인다. 일부 이용자들은 마치 이루다가 독자적이고 일관적인 성격이 있는 것처럼 기대를 형성하고 채팅을 하게 되었고, 그러한 과정에서 성차별적인 발언이라든지 사회적 약자에 대한 혐오 발언이 나타나게 된 것이다.

사후적으로 생각해보면, 아쉬웠던 점 하나는 기술의 비대칭이다. 자연스러운 대화의 구현이라는 면에서는 기술의 완성도가 상당히 높았던 반면, 사회적 맥락에 대한 고려 측면에서는 이용자들의 기대에 비해 부족함이 있었다. 즉 이루다 서비스를 통해 제공된 대화 텍스트 자체는 매우 자연스러운 것이었지만, 이에 비해 대화의 맥락을 파악하여 적절한 응답을 하는 능력은 부족했던 것이다. 특히 사회적 맥락이나 규범적 맥락을 파악하여 응답을 하는 능력은 확보되지 않았던 것으로 보인다. 따라서 같은 표현일지라도 대화의 맥락에 따라서 혐오적인 발언으로 이해될 가능성이나 대화 상대방 입장에서 불쾌하게 해석될 가능성에 대해서는 대체로 판단하지 못했던 것 같다.

그렇다면 현재 우리 사회는 또는 이용자들은 이런 유형의 서비스를 이용할 때 어떤 기대를 형성해야 하는 것일까? 이와 같은 채팅 서비스를 포함한 인공지능 기술에 대한 이해와 눈높이를 어떻게 설정해야 하는지에 대한 사회적 논의가 본격적으로 이루어져야 한다.

만약 언어를 배우기 시작한 지 얼마 되지 않은 서너 살

짜리 아기가 장애인에 대해 혐오적인 발언을 했다면, 그 아기는 자신의 말이 무슨 의미인지 제대로 알지도 못하고 언급을 했을 가능성이 크다. 단지 기계적으로 누군가가 말하는 것을 흉내 낸 것일지도 모른다. 따라서 그런 아기에게는 다시는 그런 표현을 하지 않도록 교육을 해야 할 것이다. 그렇다면 이루다의 경우, 그런 식의 교육은 어떻게 이루어져야 하는 걸까? 이제 우리는 인공지능 기술 발전의 방향을 질문하고 고민하지 않을 수 없다.

'연애의 과학'과 '이루다'는 이용자가 다르다

인공지능 윤리의 문제에 이어 이루다와 관련된 개인정보 문제를 보자. 먼저 생각해봐야 하는 것은 이루다의 기술이 처음부터 이루다를 염두에 둔 데이터 구축을 통해 구현된 것이 아니라는 점이다. 이루다 서비스는 개발 회사가 기존의 다른 서비스를 통해 얻은 데이터를 이용하여 구현한 서비스다. 이루다의 채팅 서비스를 훈련하는 과정에서 필요한 학습 데이터를 이 회사의 다른 서비스인 '연애의 과학'을 제공하는 과정에서 수집한 데이터를 이용하여 마련했다는 것이 개인정보 보호와 관련된 논란이 발생하게 된 이유 중 하나다. 이것이 적어도 일부의 이용자들에게는 상당한 당혹감을 주었고, 이들 이용자들의 예상을 벗어난 용도의 개인정보 활용이 아닌가 하는 논란이 일어난 것이다.

일반인이 보기에 연애의 과학을 통해 수집한 데이터를 이루다 서비스를 위해 이용한다는 것은 그다지 유쾌한 일은 아닐 수 있다. 한편, 두 서비스는 결국 같은 회사가 제공하는 서비스이고, 서로 전혀 다른 서비스는 아닌 것으로 봐야 한다는 해석도 있을 수 있다. 그와 별도로, 하나의 브랜드를 통해 동일한 개인정보 취급방침을 적용하여 이용자의 동의를 받고 두 서비스를 제공하는 형태를 취했다면 문제가 없었을 것인지에 관한 질문이 제기될 수도 있다.

다른 한편, 서비스의 이용자 입장에서는 "A(연애의 과학)라는 서비스를 위해 데이터를 수집한다고 예상했는데 B(이루다)라는 서비스를 위해 데이터를 쓰는 것은 적절하지 않은 것 아닌가?"라고 질문을 던질 수 있다. 법적으로는 이에 대해 '목적 외 이용'이라는 표현을 써서 판단한다. 그래서 개인정보의 활용이 당초에 동의를 받는 목적 범위 내 이용인지 그 반대로 목적 외 이용에 해당하는지를 둘러싸고 논란이 발생할 여지가 있다.

개인정보 이용의 목적과는 구분되는 문제로 개인정보의 익명화와 관련된 문제가 있다. 이루다 챗봇 모형을 만드는 과정에서 이용된 학습 데이터가 적절하게 익명처리된 것인지에 관한 문제다. 만일 익명처리가 충분히 이루어졌다면 법적으로는 개인정보를 이용한 것이라 할 수 없고, 그에 따라 개인정보 보호와 관련된 논란에서 어느 정도는 벗어날 수도 있다. 그런데 실제 이루다 채팅 서비스를 제공하는 과정에서 이용자가 주소를 묻자 이루다가 주소를 이용하여 답을 했다는 의혹이 제기되기도 했다. 이를 근거로, 학습 데이터에 개인정보가 담겨 있었고, 그러한 개인정보가 그대로 노출된 것 아닌가 하는 문제 제기가 나오기도 했다.

메신저 대화 내용으로부터 인공지능 학습을 위한 학습 데이터를 구축할 때, 익명처리를 어떻게 할 것인지는 현실적으로 쉽지 않은 과제를 안겨준다. 메신저 대화는 구조화된 데이터가 아니라는 의미에서 비정형 데이터unstructured data라고 부른다. 그런데 비정형 데이터는 정형 데이터structured data에 비해서 익명처리가 훨씬 복잡한 것이 보통일뿐더러 익명 처리를 하더라도 충분한 익명처리가 되었는지에 관해 확인하거나 보장하는 것이 거의 불가능하다는 한계가 있다. 이처럼 개인정보 보호 차원에서 챗봇 서비스를 위한 인공지능 모형의 구축 또는 서비스 제공의 과정에서 나타나는 문제들을 어떻게 바라보고 해결책을 모색할 것인지에 관해서도 이루다 사건은 우리에게 커다란 과제를 안겨준다고 하겠다. 이루다 서비스와 관련된 개인정보 보호법 맥락의 의혹이나 문제 제기에 대해서는 개인정보보호위원회를 통해 조사와 처분이 이루어진 바 있다. 이를 통해 챗봇 개발과정에서 주의해야 할 사항이 어떤 것인지 일부 규명된 면이 있지만, 그 이외에도 많은 관련 이슈들이 산적해 있다.

내 유튜브 추천 영상은 왜 그렇게 떴을까?

인공지능의 현주소를 알려주는 또 하나의 영역은 추천 알고리즘이다. 뉴스나 드라마, 영화 등 여러 가지의 동영상 서비스를 이용하면서 우리는 부지불식간에 추천 알고리즘을 일상적으로 이용하게 된다. 추천이나 랭킹이 만들어지는 과정에서 알고리즘이 어떻게 작동하는지에 대해서 대부분의 이용자는 알지 못하지만, 의식하지 못하는 사이에 편리하게 생각하고 이용하는 것이다.

우리가 인터넷 포털에서 검색을 하고, 유튜브에서 동영상을 보고, 넷플릭스를 통해 영화를 보는 모든 과정에 인공지능 알고리즘이 중요한 역할을 한다. 알고리즘의 부작용을 강조하는 시각에서는, 추천 알고리즘으로 인해 이용자들이 편향적 사고에 빠지게 되면서 이른바 필터 버블filter bubble이나 확증편향confirmation bias에 빠지게 된다는 주장이 반복적으로 나타난다. 필터 버블은, 예를 들어 이용자에게 검색의 결과를 보여주는 과정에서 이용자의 관심사, 성향, 철학, 이념 등을 고려하여 최적의 결과를 찾아서 보여주는 것이, 개별 이용자를 다른 이용자들로부터 소외시키는 결과를 가져올 수 있다는 주장이다. 그리고 확증편향은 이용자들이 자신의 생각에 부합하는 정보를 더 빈번하게 또는 선택적으로 접하게 되면서 자신의 평소 선호나 성향을 더욱 강화하게 되는 경향에 관한 것이다.

예컨대 유튜브를 통해 몇 개의 동영상을 보기 시작하면 유사한 유형의 동영상이 계속 추천되는 것이 보통이다. 또는 넷플릭스의 처음 설정 과정에서 선호하는 영화를 몇 개 선택하고 나면 그에 기초한 추천이 손쉽게 이루어진다. 이러한 과정을 통해 이용자가 결국 유사한 유형의 영상을 반복 시청하게 되는 것은 아닌지, 그로 인해 편협된 생각을 갖도록 유도하게 되는 것은 아닌지, 또한 유사한 성향을 가진 이용자들끼리 극단적인 생각을 공유하면서 극단적인 태도를 더욱 강화하게 되는 것은 아닌지에 관한 우려의 시각이 있다. 그러면서 결국 자신도 모르는 사이에 중독적 성향을 갖게 될 것이라는 지적도 있다.

실제로 이런 현상이 존재하는지, 존재한다면 구체적으로 어떤 형태로 그리고 얼마나 강력한 형태로 존재하는지에 대해서는 학계에서도 여러 가지 견해가 존재하는 상황이다. 아직까지 명확하게 규명된 것은 많지 않다. 아무튼 현재의 인공지능 추천 알고리즘은 몇 가지 시청 동영상이나 영화에서 출발하여 그로부터 유사한 유형의 것들을 이용자에게 지속적으로 보여주는 방식을 흔히 이용한다. 그런 점에서 추천 알고리즘은 현실적인 활용도가 상당히 높은 기술이기도 하다. 그렇다면 이와 같은 추천 알고리즘을 우리는 어떻게 바라봐야 할 것인가?

당연한 것이지만, 추천 알고리즘은 순기능과 역기능을 동시에 보인다. 우선 넷플릭스가 되었든, 유튜브 동영상이되었든, 알고리즘은 내가 스스로는 찾기 어려웠을 법한 콘텐츠를 찾아서 추천을 해준다. 인터넷 공간에 존재하는 무수히 많은 콘텐츠 중에서 이용자가 원하는 것을 찾아서 보여주는 것은 강력한 추천 및 검색 알고리즘의 존재를 전제로 하지 않으면 상상하기 어렵다. '정보의 바다' 속에서 이용자가 원하는 것을 찾게 해주는 것은 결국 추천 및 검색 알고리즘인 것이다. 반면에, 추천과 관련된 확증편향이나 필터 버블 등 불가피한 부작용의 가능성도 계속 남아 있다.

지금까지 몇 가지 사례를 통해 인공지능의 현주소를 살펴봤다. 현실적으로, 인공지능 알고리즘이나 빅데이터 활용은 현대사회에서 더 이상 피할 수 없는 불가피한 상황이라 할 수 있다. 일부 유형의 인공지능 기술은 이미 우리 일상의 일부가 되었고, 앞으로 인공지능의 활용도는 더욱 커질 것이다. 인공지능의 도입이나 활용과 함께 불거지는 여러 형태의 부작용과 이에 대한 우려를 어떻게 극복할 것인지에 대해서도 더 많은 논의가 필요하다.

지금부터 인공지능의 사례를 포함해 더 구체적인 이야기를 이어나가려고 한다. 그에 앞서 인공지능이라는 것이 과연 어떻게 작동하는지, 그 원리에 대해 살펴보도록 하자.

쉽게 보는
인공지능 작동원리

인공지능은 어떻게 작동하는 걸까?

인공지능이 작동하기 위해서는 무엇보다 데이터가 필요하다. 초기의 인공지능에 비해서 현 세대의 인공지능은 데이터가 더욱 핵심적인 요소가 되어 작동한다. 최근 머신러닝 machine learning이 사회적으로 커다란 주목을 받기 전에 빅데이터가 상당한 중요한 시대적 화두로 언급되었는데, 인공지능의 발전은 그러한 흐름과도 연결되는 것이다.

인공지능 기술이 급속하게 발전하게 된 배경으로 알고리즘의 고도화 역시 중요하다. 또한 하드웨어와 컴퓨팅 역량의 발전도 큰 역할을 담당했다. 인공지능 기술의 구현을 위해서는 GPU라고 하는 프로세서가 중요한 역할을 한다.

이 프로세서는 그래픽 작업 등 병렬 컴퓨팅 영역에서 많이 쓰여왔고, 그래서 컴퓨터 게임용으로 활용도가 높다. 그러다가 이러한 특징이 인공지능을 위해서도 매우 유용하다는 인식이 생겨나면서 활용도가 급속히 늘어난 것이다.

결국 빅데이터의 가용성, 컴퓨팅 역량의 개선, 알고리즘의 고도화 등 여러 요소가 함께 작동하여 최근 몇 년 사이에 인공지능 영역이 급부상하고 빠른 기술 개발이 이루어지게 되었다고 할 수 있다. 그렇다면 인공지능은 어떻게 작동하는 것인가? 다음 그림을 통해 인공지능의 작동방식에 대해 개괄적으로 살펴보자.

다음 그림은 가로축과 세로축을 통해 몇 개의 단계를 보여준다.[1] 먼저 가로축을 보면 맨 왼쪽에 종이 몇 장이 있는데, 이는 학습용 데이터training data를 상징한다. 인공지능 학습 데이터가 담긴 데이터베이스다. 그리고 학습 데이터에 대해 레이블링labeling이 이루어진다. 이 데이터에는 '동그라미' 및 '세모'의 특징이 있다는 것을 표시하는 것이다. 데이터베이스에서 하나의 단위로 취급되는 자료를 레코드record라 하는데, 각각의 레코드가 가진 속성attribute에 대해 표시를 하는 것이다. 그림에서는 상징적으로 동그라미와 세모

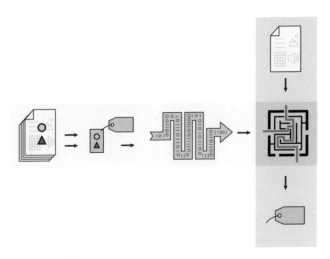

인공지능 작동방식

로 표시를 했지만, 우리 일상에서 SNS를 이용하는 과정에서 해시태그를 표시하는 것 또한 레이블링의 일종이라 할 수 있다.

　다음으로 꼬불꼬불하게 되어 있는 표시는 알고리즘을 나타낸다. 그림에서는 미로로부터 경로를 찾아내는 방식으로 상징되었다. 수학적으로는 흔히 최적화optimization의 과정을 거치는 것으로 해석될 수 있다. 이렇게 해서 인공지능 모형이 만들어진다. 데이터를 알고리즘에 적용하면 미로로부터 경로를 찾아내는 일이 가능해지는 것이다. 가로 축의 과정을 통해 완성된 알고리즘을 학습 알고리즘^{trainer} ^{algorithm}이라고 한다.

한편 세로축은 학습 알고리즘을 활용하여 실제로 판단이나 의사결정을 하는 과정을 보여준다. 맨 위에 새로운 데이터, 즉 입력값^{input}이 있다. 입력값을 학습 알고리즘에 넣으면 그 아래 레이블이 새로 등장하는데, 이것이 결과값 ^{output}이 된다. 결과값은 말하자면 이 데이터는 '동그라미의 특징이 있다' 또는 '세모의 특징이 있다'는 것을 알려주는 것이다. 세로축에 표시된 알고리즘은 구체적인 기능이나 목적에 따라 분류기^{screener} 등 여러 이름으로 불린다.

인공지능을 가르치는 여러 가지 방식

인공지능의 작동방식을 보면, 결국 데이터가 중요하다는 것을 다시 한번 확인할 수 있다. 인공지능 학습에 이용될 수 있는 유용한 데이터의 존재가 필수적인 전제조건인 것이다. 그중에서도 일반적으로는 레이블이 잘 된 데이터가 핵심적으로 중요하다. 레이블링을 어떻게 하느냐에 따라 결과값이 크게 달라질 수 있기 때문이다. 데이터 레이블링은 원시 데이터^{raw data}에 의미 있는 정보를 표시하여 맥락을 더하는 기능을 한다. 경우에 따라서는 처음 데이터 베이스를 구축하는 과정에서 필요한 정보값이 입력되면서 별도의 레이블링이 필요하지 않을 수도 있지만, 적지 않은 경우에 인공지능 학습에 앞서 레이블링이 필요하다. 도로 이미지의 예를 들자면, 도로의 사진에 대해, 사람, 동물, 차량, 자전거 등을 표시하는 과정이 필요한 것이다.

앞의 그림에서는, 학습 데이터에 동그라미가 있는지 세모가 있는지 표시하는 것이 레이블링이다. 그런데 만일 동그라미와 세모만으로 레이블링이 이루어진 학습 데이터를 이용하여 인공지능 모형이 만들어진다면, 그러한 인공지능은 '네모' 특징을 제대로 알아낼 수 없다. 만일 입력값에 네모가 포함되어 있다면, 해당 인공지능은 네모를 분간해 내지 못하고 오류 메시지를 내든가, 학습된 내용에 기초하여 동그라미나 세모 중에서 답을 하게 되면서 오류를 범하게 될 것이다. 한편, 세모와 동그라미 이외에도 네모가 중요한 특징인지, 그래서 별도의 레이블링이 필요한 것인지 여부는, 데이터 전반에 대한 이해 및 인공지능 모형을 통한 판단의 목적 등 여러 가지 요소에 대한 이해를 필요로 하는 것이기도 하다. 어떤 특징에 대해 어떻게 레이블링을 할 것인지에 대해서는 판단력이 필요하기도 하고 해당 영역에 대한 전문성이 요구되기도 한다. 현실에서는 수많은 시행착오를 수반하기도 하는 과정이다. 아무튼 레이블링 과정은 인공지능 판단의 정확성이나 유용성을 결정짓는 중요한 과정이고, 동시에 많은 노력과 시행착오가 수반되는 과정이다.

앞의 그림에서 가로축 즉 학습 알고리즘은 비유적으로 미로로부터 경로를 찾아내는 역할을 하고, 세로축에 표시된 분류 알고리즘은 입력값에 대해 결과값을 알려주는 역할을 한다. 그런데 이런 인공지능 모형 중에서는 레이블링을 필요로 하지 않는 것도 있다. 레이블링이 이루어진 학습 데이터를 이용하여 인공지능 모형을 만드는 방식은 지도학습supervised learning 방식의 인공지능 영역에서 주로 쓰이는 방식이다. 지도학습을 통해 분류classification나 회귀regression 등을 하게 된다. 다른 한편 비지도 학습unsupervised learning은 이와 같은 레이블링 없이 학습이 이루어지는 방식이다. 흔히 데이터를 몇 개의 그룹으로 나누어 군집clustering을 만들어보는 방식이 이용된다.

이와 별도로 강화학습reinforcement learning 영역이 있다. 인공지능 바둑 알파고가 좋은 예가 되는데, 보상reward을 최대화하는 방향으로 의사결정이 이루어지도록 인공지능을 설계하는 것이다. 여러 가지 방식의 인공지능 기술 중에서 현실에서 가장 많이 쓰이는 인공지능, 그런 의미에서 현시점에서 가장 중요한 인공지능 기술은 지도학습 방식의 인공지능 기술이다.

오직 아는 것만 아는 '알고리즘'

오른쪽 그림은 이미지 인식image recognition 알고리즘이 어떤 방식으로 작동하는지를 보여주는 예다.[2] 그림의 왼쪽 부분은 트레이닝 알고리즘에 해당하고, 오른쪽 부분은 분류 알고리즘이다. 이미지 인식을 통해 개와 고양이를 구분하는 알고리즘을 마련한다고 하면, 우선 학습 데이터로 쓸 수 있는 개와 고양이 사진을 충분히 구해서 각각의 사진에 개와 고양이라고 레이블링해서 학습을 시키게 된다. 다음으로 중간 동그라미에 있는 것은 새로운 사진을 입력값으로 이용하는 것을 가리킨다. 제대로 학습이 이루어진 알고리즘이라면 입력값을 보고, 개나 고양이를 올바르게 인식해서

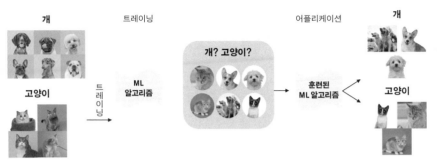

이미지 인식 알고리즘 예시

출력값을 제시할 것이다.

　그런데 이처럼 개와 고양이만을 구분하는 것으로 훈련된 알고리즘은 다른 동물은 인식하지 못한다. 이러한 알고리즘에 호랑이 사진을 입력값으로 이용한다면, 이 알고리즘은 호랑이를 알아보지 못한다. 대신에 '고양이일 확률 00퍼센트'식의 답을 줄 것이다. 실제 알고리즘에서 오류가 얼마나 빈번하게 나타나는지, 그리고 오류가 어떤 형태로 나타나는지는 인공지능의 성과에 대한 판단에 있어 매우 중요한 의미가 있다. 이후 더 상세하게 살펴보겠지만, 이는 단순한 정확도의 문제를 넘어 인공지능이 공정한 판단을 하는지와도 연관된다.

그런데 여기서 알고리즘이란 무엇인가? 개념적으로 알고리즘이란 연산 등 정해진 목적의 달성을 위해서 밟아야 하는 단계들에 대해 구체화하여 정해놓은 것을 말한다. 이는 인공지능과 무관하게 오랫동안 존재해온 개념이다. 하지만 인공지능의 발전과 함께 알고리즘의 중요성이 더욱 강조되고 있다. 인공지능은 알고리즘을 활용하여 이미지 인식이나 자연어 처리를 비롯하여 매우 다양한 유형의 분류와 판단을 하게 되기 때문이다. 실제로 인공지능의 여러 세부 영역이나 목적에 따라 다양한 유형의 알고리즘이 활용된다.

데이터 수집,
누구도 피할 수 없다

인터넷 플랫폼의 기본은 '프로파일링'

인공지능을 위한 데이터 수집은 여러 경로와 방식으로 이루어진다. 그중 중요한 경로 하나는 소셜 미디어 등의 플랫폼을 통해 이용자에 관한 데이터를 수집하는 것이다. 영국의 경쟁당국인 CMA^Competition & Markets Authority가 2020년에 발표한 보고서「온라인 플랫폼과 디지털 광고^Online Platform and Digital Advertising」에 따르면 영국의 소비자들이 인터넷 플랫폼에서 보내는 시간의 37퍼센트 정도가 구글, 페이스북, 유튜브, 인스타그램, 왓츠앱 등 몇몇 주요 플랫폼을 이용하면서 보내는 시간이라고 한다. 국내의 경우에 어떤 상황인지 정확하게는 알 수 없지만, 영국만큼의 집중도는 아니더라도 주요 인터넷 플랫폼에 이용자들이 집중하는 경향성 자체는 명확히 나타날 가능성이 크다.

이들 주요 플랫폼들은 대다수가 기본적인 서비스를 무료로 제공한다. 그렇다면 이 회사들은 어떻게 비즈니스를 하는 것일까? 구독subscription 모델을 전제하지 않는 한, 이 회사들의 핵심적 수입원은 광고다. 특히 이용자들의 특징이나 선호에 대한 분석을 전제로 한 맞춤형 광고가 중요하다. 그래서 이용자들에 관한 데이터를 수집하고 분석하고 프로파일링하는 것이 인터넷 플랫폼 생태계에서는 필수적인 것이 된다. 이는 인터넷 공간에서의 무료 서비스의 제공과 함께 나타나는 동전의 뒷면 같은 것이다. 구글(알파벳)의 경우에는 수익의 80퍼센트 이상 그리고 페이스북은 수익의 95퍼센트 이상을 광고를 통해 얻는 것으로 알려져 있다.

데이터 수집이 실제로 어떤 방식으로 일어나고 있는지 알아보자. 우리나라 성인의 스마트폰 보급률은 이미 몇 년 전부터 90퍼센트를 넘어서 스마트폰의 사용이 일상화된 상황이다. 이를 고려하면, 인터넷을 통한 이용자 정보 수집의 핵심은 스마트폰을 통해 이용자에 관한 데이터를 수집하는 것이 된다.

스마트폰을 이용한 데이터 수집은 몇 가지 층위로 나누어 파악할 수 있다. 우선 스마트폰의 인터넷 기기로서의 활용은 주로 앱application을 이용하게 되는데, 앱을 이용하는 과정에서 생성되는 많은 정보가 수집의 대상이 된다. 실제로 앱을 다운로드하고 이용하는 시작 단계에 각각의 앱이 어떤 정보를 수집하는지에 관한 설명이 제시된다. 개별 앱별로 수집하는 구체적인 정보 항목은 서로 다르지만, 우리가 이용하는 모든 앱이 각기 정보를 수집하는 것이다. 그다음으로 인터넷 브라우징을 생각할 수 있다. 검색을 포함하여 인터넷 이용 과정의 중요한 관문 역할을 브라우저가 수행한다. 또한 브라우저를 이용하여 이용자들은 개별 웹사이트를 방문하여 여러 추가적인 활동을 하기도 한다. 이 과정에서 이용자들의 특징이나 선호를 반영하는 다양한 데이터가 생성되고, 이 중 일부는 수집의 대상이 된다.

더 넓게는 스마트폰 생태계를 구성하는 여러 구성요소를 생각할 수 있다. 우선 운영체제os가 있다. 주요 운영체제로 구글의 안드로이드 시스템과 애플의 iOS를 들 수 있다. 우리나라에서는 이 중 안드로이드 시스템의 점유율이 훨씬 높다. 운영체제는 스마트폰의 동작을 제어하는 등 컴퓨팅 기기로서의 작동에 있어서 핵심적인 역할을 한다. 스마트폰이 적절하게 잘 작동하도록 하기 위해서는 일정한 정보 수집이 필요하다.

그리고 하드웨어, 즉 스마트폰 기기를 통해서도 정보 수집이 이루어질 수 있다.[3] 예를 들어, 네트워크 접속을 위해 기기별로 고유하게 부여되는 MAC 주소 또는 기기의 일련번호serial number가 수집될 가능성도 있다. 이와는 별도로 통신사와의 교신 과정에서 정보 수집이 이루어지는 면도 있다. 통신사에서 제공하는 심SIM 카드에는 가입자 식별 모듈이 포함되어 있는데, 이를 통해 일정한 정보가 수집될 수 있다. 개개 스마트폰의 인터넷 연결은 3G, LTE, 5G 등의 기술을 이용한 통신사 네트워크와 직접 이루어질 수도 있고, 와이파이 등을 통해 통신사와의 직접적인 연결 없이 이루어질 수도 있다. 어떤 경우건 네트워크 안에서 통신이 이루어지는 과정에서 일정한 정보가 수집된다.

이런 식으로 우리가 스마트폰을 사용하는 과정에서 여러 층위에서 다양한 유형의 정보가 수집될 가능성이 폭넓게 열려 있다. 이 중에서 일반적으로는 앱과 브라우저를 통해서 정보가 수집되는 것이 가장 중요한 부분이다. 다른 한

스마트폰을 이용한 데이터 수집

편, 정보를 수집하는 입장에서는 스마트폰 이용자의 동일
성을 파악하여 일관성 있게 정보를 수집하는 것이 중요하
다. 따라서 일종의 일련번호를 부여하여 이용자나 기기를
파악하고 이를 통해 동일 이용자에 대하여 체계적으로 정
보를 수집하기 위한 시도를 하게 된다.

따돌릴 수 없는 모바일 기기의 추적

이제 이러한 일련번호가 어떤 식으로 정해지고 작동하는

모바일 기기 트래킹

지 보자. 실제로 스마트폰의 설정 메뉴를 찾아보면 위 그림과 같은 아이디[ID] 화면을 볼 수 있다.[4] 이 아이디를 안드로이드 시스템에서는 광고 아이디[Advertising Identifier] 또는 줄여서 ADID라고 부르고, 애플 시스템에서는 IDFA[Identifier for Advertisers]라고 부른다. ADID나 IDFA 모두 일종의 일련번호로서의 기능을 한다.

　ADID나 IDFA가 기존의 일반적인 일련번호와 다른 중요한 특징 하나는, 이용자가 설정 메뉴를 통해 언제든 재설정을 할 수 있다는 것이다. 즉 ADID나 IDFA는 고정된 것이 아니라 이용자에 의해 반복적으로 재설정될 수 있는 것이다. 그리고 새로이 설정되는 값은 기존의 값과는 무관하게 정해진다. 이에 따라 ADID나 IDFA가 수시로 변경될 가능성이 열리게 되고, ADID나 IDFA를 활용하여 이용자를 특정할 수 있는 확률적 가능성은 작아지게 된다. 물론 재설정이므로 이 과정을 통해 원할 때마다 새로운 번호를 부여받기는 하지만 번호 자체를 없앨 수 있는 것은 아니다. 또한 재설정이 가능하기는 하지만, 이용자가 재설정을 하지 않으면 동일한 값이 계속해서 유지된다.

ADID와 IDFA를 매개로 하여 인터넷 생태계 안의 여러 기업과 조직들은 이용자에 관한 정보를 지속적으로 수집할 수 있게 된다. 예를 들면, 특정 앱을 서비스하는 회사가 앱 이용자 각각에 대해 ADID나 IDFA 값을 매개로 하여 개별 이용자가 앱을 열어본 시간이나 위치, 앱 이용 기간 등 다양한 정보를 수집할 수 있는 것이다.

한편 이처럼 ADID나 IDFA를 매개로 하여 이용자들에 관한 정보를 수집하는 것에 대해서는 다양한 평가가 존재한다. 주기적으로 논란이 발생하기도 하고, 새로운 변화가 모색되기도 한다. 애플의 경우에는 이용자의 프라이버시를 더 두텁게 보호한다는 명분으로 2021년의 iOS 업데이트와 함께 '앱 트래킹 투명성App Tracking Transparency, ATT'프로그램을 시행했다. 이를 통해 나타난 가장 큰 변화는, 개별 앱마다 추적에 대한 동의 팝업을 의무화하여 이용자들로 하여금 이를 명시적으로 고려하여 동의할지 여부를 선택하도록 한 것이다. 구글의 경우에는 '프라이버시 샌드박스Privacy Sandbox'라는 이름으로 논의를 진행하고 있는 중이다. 구글 프라이버시 샌드박스 논의의 핵심은 'FLoCFederated Learning of Cohorts'라고 불리는 방식의 도입인데, 이를 통해 이용자 개인 단위의 데이터 수집이 어렵도록 하는 방향의 변화를 모색하고 있다.

개인정보의 보고, '인터넷 쿠키'

인터넷을 사용하는 과정에서 앱 이외에 일반적으로 이용되는 가장 중요한 도구는 브라우저browser다. PC나 노트북 등 컴퓨터를 이용할 때에는 당연히 브라우저가 핵심적인 역할을 하지만 모바일 기기에서도 브라우저가 중요한 역할을 한다. 이용자가 브라우저를 통해 인터넷을 사용하는 과정에서 적지 않은 정보가 수집된다. 이때 인터넷 쿠키cookie가 중요한 정보수집의 매개가 된다. 인터넷 쿠키는 짧은 텍스트 파일인데, 일종의 일련번호 제공 기능을 한다는 면에서 ADID나 IDFA와 유사한 역할을 한다. 인터넷 쿠키 또한 이용자가 원하면 언제든 재설정이 가능하다. 요컨대, ADID와 IDFA는 앱을 통해 정보를 수집하는 과정에서 이용되는 것이고, 인터넷 쿠키는 브라우저를 통해 정보를 수집할 때 이용되는 것이다.

인터넷을 사용하는 과정에서, 이용자가 특정 웹사이트의 주소를 입력하면 입력된 값에 기초하여 웹사이트의 콘텐츠가 제공된다. 이 과정은 이용자 브라우저로부터의 요청이 웹사이트 서버에 도달한 뒤, 서버로부터 해당 요청에 부합하는 콘텐츠가 제공되는 과정이다. 이때 이용자로부터의 요청이 서버에 전달되는 과정에서 인터넷 쿠키도 함께 전달된다. 이를 통해 브라우저를 인식하고, 해당 브라우저로부터의 인터넷 활동에 대해 상세한 정보를 파악하는 것이 가능해진다. 어느 날 특정 웹사이트를 방문했다가 그 다음 날 다시 방문할 경우에, 로그인을 하지 않았는데도 해당 웹사이트에 대한 방문 이력을 파악하고 있는 것으로 보인다면 이는 인터넷 쿠키를 매개로 하여 정보를 파악한 것일 가능성이 있다.

개별의 인터넷 쿠키를 통해 파악할 수 있는 정보는 마치 (먹는) 쿠키의 부스러기처럼 매우 작은 단편적인 정보다. 예를 들어, 개별 브라우저의 이용자가 특정 웹사이트를 방문한 시각, 방문한 구체적인 웹페이지 등의 정보를 각각의 쿠키 파일을 통해 파악하게 된다. 하지만 이런 단편적이고 작은 조각의 정보들이 쌓이고 나면, 이를 분석하여 상당히 중요한 의미를 추출해 내는 것이 가능해질 수도 있다.

인터넷 쿠키를 분류하는 중요한 방식 하나는 당사자 쿠키first-party cookie와 제3자 쿠키third-party cookie로 분류하는 것이다. 당사자 쿠키는 이용자가 특정 웹사이트를 방문할 때, 해당 웹사이트의 서버에서 직접 보내는 쿠키다. 한편 제3자 쿠키는 특정 웹사이트를 방문할 때 해당 웹사이트의 서버가 아닌 제3의 서버에서 보내는 쿠키를 가리킨다. 실제로 이용자가 개개의 웹사이트를 방문할 때 해당 웹사이트의 서버가 아닌 제3의 서버로부터 정보가 함께 오는 것이 일상적인데, 그때 쿠키도 함께 올 수 있는 것이다.

이들 제3의 서버를 운영하는 운영자들이 정보를 수집할 때 브라우저를 통한 정보 수집의 매개가 되는 아이디 역할을 하는 것이 인터넷 쿠키다. 쿠키를 매개로 하여 이용자의 인터넷 활동을 기록하여 쌓아둘 수 있게 되고 이를 통해 이용자의 성향이나 특징을 분석하기도 한다. 인터넷 쿠키를 매개로 맞춤형 서비스의 제공이나 맞춤형 광고의 토대가 마련되는 셈이다. 광고의 예를 들자면, 이용자의 인터넷 웹사이트 방문 이력을 통해 어떤 이용자가 야외 활동이나 캠핑을 좋아하는 유형인지 파악하는 것이 가능할 수 있고, 그에 기초하여 캠핑 시즌에 해당 유형의 이용자들에게 캠핑 장비에 대한 광고를 보여주는 것이 가능할 수 있다.

인터넷 쿠키는 인터넷을 통한 광고 생태계의 작동에 있어 핵심적인 역할을 해왔다. 당초에 인터넷 쿠키가 고안되고 활용된 이유 중의 하나는, 이용자에 대한 일정 수준의 트래킹tracking의 불가피성이다. 만일 인터넷 쿠키가 없다면 인터넷 이용자에 대한 식별성이 더 높은 다른 대안들이 활용될 가능성이 커 보이는 상황에서, 식별성을 낮춘 일종의 절충적 방식으로 인터넷 쿠키가 제시되고 활용되게 된 것이다. 한편, 최근에는 인터넷 쿠키의 활용에 대한 문제의식이 늘어나면서, 인터넷 쿠키의 활용도를 낮추기 위한 논의가 늘어나고 있다. 구글의 경우에는 크롬 브라우저에서 인터넷 쿠키의 이용을 더 이상 지원하지 않을 계획이라고 밝

힌 바 있다. 이 계획은 당초 2022년부터 시행될 계획이었다가, 논란이 생기면서 2023년말로 시행을 늦춘 상황이다.

자율주행자동차는 어떻게 데이터를 수집할까?

정보 수집은 이용자의 인터넷 활동은 물론 그 이외의 매우 다양한 경로를 통해 다양한 방식으로 이루어진다. 인공지능은 많은 데이터를 필요로 하기 때문에 정보의 수집은 전반적으로 더욱 늘어날 전망이다. 자율주행차의 경우를 보자. 앞으로 자율주행차 시대가 본격화될 텐데, 일반인들이 막연히 기대하는 수준은 보통 레벨 4 또는 레벨 5라고 부르는 단계다. 이 단계는 운전자가 운행에 개입할 필요가 없고, 돌발상황이 발생하더라도 자율주행차 스스로 대처하든가 주차를 하는 것이 가능한 단계다. 가까운 시일 내에 이 단계에 도달하는 것이 가능할지는 알 수 없지만 자율주행차 기술은 꾸준히 개선되고 있고 관련된 기술 중 일부는 상용화의 과정을 거치면서 운전을 편리하게 해주고 있다.

자율주행차에는 차 안팎으로 상당히 많은 데이터 수집 장치들이 있다. 모두 넓은 의미의 센서라고 할 수 있다. 이 중 가장 독특하게 눈에 띄는 것은 차 윗부분에 있는 라이다

LIDAR 기기다. 라이다는 레이저를 이용하여 목표물에 반사되어 돌아오는 시간을 측정하여 목표물까지의 거리, 방향, 속도 등을 감지하는 기술이다. 이를 통해 차량 주변 상황에 대한 고해상도의 3차원 공간 정보를 마련할 수 있다. 차 지붕 이외에 보닛 내부 등 눈에 잘 뜨이지 않는 곳에 두는 경우도 있다.

또한 레이더가 쓰이기도 한다. 레이더는 전자파를 이용하는 것이다. 형체 인식의 정확도는 높지 않지만 상대적으로 원거리 상황에 대한 파악이 가능하고 비용이 적게 든다는 장점이 있다. 카메라가 유용하게 쓰이기도 한다. 저가의 단순 센서들도 필요에 따라 다양하게 이용된다.

자율주행차는 이와 같이 여러 가지 형태의 센서를 통해 정보를 수집하고 주변 환경을 인식한다. 일반적으로 생각할 수 있는 자율주행차의 작동방식 하나는 이미 주변 환경에 관한 지도를 갖고 있는 것을 전제로 하는 경우다. 그래서 운행의 과정에서 실시간으로 수집하게 되는 운행 환경에 대한 데이터와 이미 확보해둔 데이터를 비교해가면서 도로 상황 및 기타 여건을 파악하고 필요한 판단을 하는 것이다. 즉 실시간으로 데이터를 수집해서 그것이 기존 데이터와 같은지 여부를 판단하고, 상황 변동에 대해 감지하게 되는 것이다.

자동차 내부와 그 주위에도 다양한 유형의 센서가 있다. 타이어에도 센서가 있고, 자동차 페달에도 각각 센서가 있을 수 있다. 타이어 압력을 계속 측정하여 계기판에 보여주는 것은 근래에 출시되는 자동차에서 흔히 볼 수 있는 기능이다. 자동차 주변을 보여주는 카메라와 여러 센서가 작동하여 주차할 때 도움을 주기도 한다. 여기에서 한 걸음 더 나아간 반자동 주차 시스템이 있기도 하다. 또한 운전자가 착용하고 있는 웨어러블 기기나 모바일 기기로부터의 시그널이 자동차와 연동되어 작동하기도 한다. 이러한 장치들을 통해 구현되는 서비스들이 모두 자율주행차 기능과 직결되는 것은 아니지만, 운전자의 편의성을 높여주면서 자율주행차와 관련된 지속적인 기술 개발을 이끌고 구체화하는 역할 또한 수행하는 것이라 할 수 있다.

당연하게도 여러 센서를 통해 수집되는 정보는 대부분 운전자들에게 편의를 제공한다. 그런데 이렇게 수집된 정보는 의외의 곳에서 사용될 가능성도 있다. 예를 들어 외국에서는 운전대나 페달 등에 센서를 부착한 뒤 이를 통해 급

가속이나 급감속을 포함한 운전자의 운전 습성을 파악하고 이를 활용하여 자동차 보험료를 차등적으로 부과하려는 노력이 이루어지기도 했다. 이런 식으로 새롭게 제공되는 서비스는 일부 이용자들에게는 반가운 것이 될 것이고, 반면 또 다른 이용자들에게는 부담스럽고 부당한 것으로 여겨질 가능성이 있다. 혹시라도 이러한 정보가 법 집행기관이나 다른 공공기관으로 흘러갈 가능성이 있다면 논란은 더욱 커질 것이다.

메타버스에서도 정보 수집을 피할 수 없다

가상현실과 증강현실에 관한 관심에서 시작하여, 메타버스는 최근 들어 폭발적으로 관심이 늘어난 영역이다. 아직은 상당히 초기 단계이고 다양한 방식이 시도되고 있어서 일반화하기도 어렵지만, 메타버스의 중요한 특징 하나는 매우 광범위하고 집약적인 정보 수집의 가능성이다. 메타버스, 특히 그중 가상현실 기술을 이용하는 것에 관해 몰입 기술immersive technology이라는 표현이 쓰이기도 하는데, 이는 이용자가 메타버스에서 활동하는 동안 엄청난 양의 데이터를 생성한다는 뜻으로 해석될 수도 있다.

메타버스에서는 다양한 경로와 방식을 통해 데이터가 수집될 수 있다. 이용자에 관한 식별정보가 수집되기도 하고, 별도의 기기가 이용되는 경우에 안면인식 기술의 활용이나 다양한 생체정보의 수집이 함께 진행될 수도 있다. 아바타나 소위 '부캐'를 이용하는 과정에서 본래의 이용자에 관한 신원정보와 연결되어 식별이 이루어지는 경우도 상정할 수 있다. 가상현실 또는 증강현실을 이용할 경우에, 기기에 따라서는 몇 개의 카메라가 장착되어 외부 환경을 실시간으로 모니터 하기도 하고, 한편 내부 카메라를 통해 이용자의 눈동자의 움직임을 포착하는 등 매우 상세한 정보의 파악과 수집이 진행되기도 한다. 이용자의 동작에 관한 정보가 수집될 수도 있다. 기술과 시장에 대한 관심이 점차 더 커지는 과정에서, 정확히 어떤 정보가 어떤 경로로 어떻게 수집되고 활용되는지에 관한 관심은 더욱 커질 것이다.

데이터의 주인이 되자, '마이 데이터'

지금 시대에 인터넷을 매개로 활동하는 회사들은 플랫폼 기업이라고 볼 수 있는 경우가 많다. 플랫폼 기업은 '양면

시장two-sided market' 서비스를 제공하는 경우가 적지 않다. 정보의 흐름을 기준으로 보면, 정보의 수요자가 한쪽에 그리고 정보의 공급자가 다른 한쪽에 있을 수 있다. 또는 플랫폼을 매개로 하여 양쪽에 각각 다른 형태로 정보를 필요로 하고 또한 공급하는 당사자들이 있을 수 있다. 이와 달리, 1차 데이터를 플랫폼이 제공받은 뒤, 이를 처리 및 분석하여 가공된 2차 데이터를 만들어 제공하는 유형도 있을 수 있다. 인터넷 검색 서비스, 전자상거래 업체, 배달 서비스, 신용평가기업 등 매우 다양한 유형의 플랫폼이 있을 수 있고, 각각의 유형을 통해 데이터가 수집되고 전달되는 방식 또한 각기 다른 특징을 보이게 된다.

구체적인 양태는 다르지만 어떤 경우건 플랫폼으로서는 이용자들을 충분히 확보하는 것이 중요하다. 그리고 플랫폼 이용자들과 관련된 일정한 정보 수집을 하게 된다. 그러한 과정에서 개개인의 데이터에 대한 관심과 문제의식이 커지고 있는 것이 현실이다. 그에 따라, 데이터의 수집에 있어 개인의 '자기결정권'을 더욱 강조하는 흐름이 나타나기도 하고, 그와 달리 수집된 데이터의 흐름을 더욱 원활하게 하기 위한 논의가 나타나기도 한다. 주요 플랫폼 기업인 구글의 경우에는 위에서 언급한 인터넷 쿠키와 관련하여 향후 제3자 쿠키에 대한 지원을 중지할 것이라고 발표한 바 있다.

한편, '데이터 이동권data portability'에 대한 강조를 통해 개인이 자신에 관한 개인정보의 통제권한을 강화하도록 하는 움직임도 있다. 유럽의 개인정보 보호법인 GDPRGeneral Data Protection Regulation에 이에 관한 규정이 도입되면서 우리나라에서도 데이터 이동권에 대한 전반적인 관심이 늘어나고 있다. 현재 우리나라에서는 금융 영역에 도입된 것으로 '마이 데이터'라는 제도가 있다. 이 제도의 출발점이 되는 아이디어는, 개별 금융소비자가 우리 일상생활에서 생성되는 여러 금융 데이터의 실질적인 주인이 되도록 한다는 것이다. 즉 이 제도를 통해 금융정보의 주체인 개개인이 자신에 관한 개인신용정보를 자기 자신에게 또는 자신이 지정하는 기관에 전송하도록 요구할 수 있는 권리가 도입된 것이다. 개인신용정보를 전송받을 수 있는 기관에는 금융기관(법적으로는 '신용정보 제공·이용자' 등 법에서 정한 기관들이다)과 마이데이터사업자(정확하게는 '본인신용정보관리회사')가 포함된다. 이를 통해 개인신용정보의 흐름을 개개인이 통제할 수 있게 하는 장치를 마련한 것이다. 이 제도를 금융 이외의 영역으로 확대하고자 하는 논의도 진행되고 있다. 2021년에 발표된 개인정보 보호법 개정안에는 '개인정보의 전송요구'에 관한 조항이 포함되어 있다.

한편, 데이터 이동권이나 마이 데이터 유형의 개념에 대해 비판적인 시각도 존재한다. 이를 통해 개인의 통제권이 강화되기보다는 정보를 수집하는 기업들에게 더욱 편리한 환경이 조성되지 않을까 하는 시각이다. 또한 현실적으로는 대형 플랫폼의 입지가 더욱 강화되는 결과가 초래될 수 있다는 우려도 있고, 어떤 식이건 실효성이 높지 않을 것이라는 주장도 있다.

누구도 비껴갈 수 없는 '프로파일링'

플랫폼 기업을 포함해서 데이터를 열심히 모으는 곳은 데이터를 모으면서 분석 작업을 하게 된다. 이 분석 작업을 프로파일링profiling이라고 할 수 있다. 간단히 말해 프로파일링이란, 인터넷 이용자들로부터 다양한 정보를 수집하고 특징을 추출하여, 이로부터 분석 과정을 거쳐 이용자들을 유형화하는 것이다. 이는 이용자 개개인에 대한 상세한 파악이라기보다 통계에 기초하여 추론하고 유형화 및 일반화하는 것을 의미한다.

이와 같은 유형화에 대해 개인에 따라서는 불편함을 느낄 수 있다. 그리고 프로파일링은 기본적으로 통계적 추론을 하는 것이므로, 추론의 과정에서 오류가 발생할 가능성이 항상 존재하기 때문에 그에 따른 논란의 가능성도 있다. 즉 프로파일링의 결과 인터넷 이용자나 잠재적 고객을 일정 유형의 특징이나 선호를 가진 그룹의 일원으로 파악하게 될 텐데, 그러한 파악이 편리함을 주기도 하지만 그에 대해 어색함이나 불편을 느끼는 인터넷 이용자도 있을 수 있다.

프로파일링은 기본적으로 인터넷 이용자들이 인터넷을 이용하는 과정에서 생성되는 여러 단편적인 정보를 수집하여 이루어진다. 어떤 사이트를 방문하는지, 개별 사이트 안의 어떤 웹페이지를 방문하는지, 몇 시에 방문하는지, 얼마나 오래 머무는지, 위치정보는 어떠한지 등을 포함한 다양한 데이터를 수집하여, 이로부터 분석이 이루어진다.

프로파일링의 결과는 다양한 용도로 이용될 수 있다. 전자상거래 맥락이라면, 프로파일링을 통해 이용자에 대한 인구통계학적 정보나 소비선호 등에 관한 추론을 하게 될 것이다. 이러한 과정을 통해 인터넷 이용자를 유형화하여 분류하게 되고, 개별 유형별로 차별화된 광고를 송출하는 맞춤형 광고를 집행하게 된다. 이와 별도로 이용자들의 관심과 선호를 고려한 서비스 제공을 위해 프로파일링이 이용될 수도 있다. 또한 사회적 또는 정치적 맥락에서 활용되는 경우도 있을 수 있다. 예를 들어, 선거를 앞두고 유권자들의 성향을 파악하여 유형별로 서로 다른 메시지를 담아 선거운동을 할 수도 있는 것이다. 동일한 SNS를 이용하는 이용자들에 대해서도 이용자 유형을 나누어 서로 약간씩 다른 차별화된 선거운동을 할 수도 있다.

다음 그림은 2018년 영국의 개인정보 감독기관인 ICO가 발간한 「방해받은 민주주의Democracy Disrupted」 보고서에 담긴 것이다.[5] 이 그림은 선거운동의 과정에서 프로파일링이 어떤 방식으로 이루어질 수 있는지 보여주는 것이다. 선거를 앞두고 전 국민이 잠재적인 프로파일링 대상이 될 수 있을 텐데, 개개인의 인구통계학적 특징과 인터넷 활동 내역 등을 반영한 분석 모형을 만들어 그룹화를 한 뒤 이를 기반으로 선거운동을 하는 것이 가능할 수 있다.

정치적 메시지

정당 여론 조사 결과 범죄 예방과 치안 유지 예산을 늘리는 것에 대해
10대를 둔 싱글맘들이 더 긍정적으로 받아들임

인구
4680만 명

거주 불문
10만 명의 부모들

개인 프로필 · A씨, 부모, 시내 거주

여성 · 자가 소유 · 10대 자녀 세 명 · 연봉 4,000만 원

자동차 소유 · 싱글 · 쇼핑

맞춤 SNS 겨냥

맞춤형 메시지 발송

선거운동 과정에서 활용될 수 있는 프로파일링(영국)

프로파일링 중에서 좀 더 일상적으로 생각할 수 있는 유형은 전자상거래나 온라인 맞춤형 광고의 맥락에서 진행되는 것이다. 예를 들어 생각해보자. 특정 온라인 쇼핑몰의 방문자들 다수가 20대 여성이고 패션에 관심이 많은 특징을 가지고 있다고 판단되면, 이 온라인 쇼핑몰을 방문한 방문자에게 20대 여성용 패션 상품에 대한 광고를 노출할 수 있다. 만일 더 풍부한 정보가 있다면 여기서 더 나아가 지역이나 시간대 등 더 많은 요소를 추가로 고려하여 좀 더 세밀한 광고 집행을 할 수도 있다. 이런 이용자들에게는 관심 상품에 대한 할인 정보를 먼저 노출하는 것도 가능할 수 있다.

이러한 맞춤형 광고를 어떻게 바라볼 것인가? 맞춤형 광고에 대해서는 다양한 반응이 있다. 자신이 원하는 품목의 할인 안내 광고를 받은 이용자들 중에는 유용한 정보를 제공받게 되어 좋아하는 사람도 있겠지만, 불편함을 느끼는 사람도 있을 수 있다. 두 가지 감정을 동시에 느낄 수도 있다. 자신이 관심을 가진 물건을 싸게 살 기회를 알게 되면 이로부터 긍정적인 반응이 생기는 것은 어찌 보면 당연하다. 그렇다면 부정적인 반응은 왜 생기는 걸까? 흔히 생각할 수 있는 것은, '유용한 정보이긴 한데 나에 대해 어떻게 알고 이런 광고를 보여주는 걸까?'라는 의구심과 결부된 불편함이다.

이와 같은 의구심은 프라이버시와 곧바로 연결되는 것이다. 즉 나에 관한 정보가 누군가의 잠재적 분석대상이 된다는 것이 불편함을 야기할 수 있는 것이다. 그래서 프라이버시를 어떻게 바라볼 것인가 하는 것은 프로파일링에 관한 논의에 있어 중요한 이슈로 함께 등장하게 된다.

프로파일링은 광고 이외에도 다양한 목적으로 쓰일 수 있다. 그중 중요한 용도 하나는 인터넷 검색 결과를 제공함에 있어, 이용자의 검색 목적을 파악하여 유용한 결과를 제공하는 것이다. 예를 들어, 포털에서 이용자가 '배달의 민족'이라는 검색어를 입력했다고 하자. 그런데 이 검색어에는 한 가지 뜻만 있지 않다. 음식 등을 배달하는 서비스를 지칭할 수도 있고, 한민족의 특징에 관한 것일 수도 있다. 이용자가 이 중에서 어떤 것에 관한 정보를 원하는지 쉽게 알 수가 없다. 그런데 예를 들어, 검색 시간, 검색 위치, 검색 이력 등의 특징을 보니 이용자가 한민족의 특징에 관해 궁금해할 가능성은 별로 보이지 않는다면 이용자가 배달 서비스에 관심이 있을 가능성이 높다고 판단해서 이에 관한 정보 위주로 검색결과를 제시할 수 있다. '차'라는 검색어도 이와 마찬가지로, 자동차^{car}에 관해 알아보려는 것일 수도 있고, 마시는 차^{tea}에 관해 궁금한 것일 수도 있다. 이런 경우에, 검색 이력을 포함한 전후 맥락에 대한 파악이 가능하다면 좀 더 정확한 결과를 제시할 수 있다.

사실 프로파일링 개념은 인공지능과 무관하게 훨씬 넓은 용도로 활용될 수도 있고, 이러한 넓은 의미의 프로파일링이 인공지능 시대가 되면서 더욱 구체화될 수도 있다. 고용 맥락의 예를 들어보자. 일정한 규모와 역사를 지닌 기업이라면 기업의 인재상을 마련해두고 있을 수 있다. 이러한 인재상을 구체화하는 방법에는 여러 가지가 있을 수 있지만 그중 하나는 회사에 크게 기여하는 직원의 일반적인 특징은 어떤 것인지에 대해 오랜 기간의 경험을 통해 정리하고 이를 체계화하는 것이다. 이러한 인재상을 채용과정에 반영할 수도 있다. 인공지능 시대가 되면서, 인재상에 부합하는 직원들의 특징을 데이터베이스로 구축해서 인공지능 모형을 만드는 것을 고려해볼 수도 있다.

프로파일링을 위한 정보의 추출은 매우 다양하고 다면적으로 이루어질 수 있다. 이용자가 직접적으로 입력하거나 제공한 데이터가 이용될 수도 있고, 이용자의 행위에 대한 관찰을 통해 데이터를 축적하는 것을 통해 진행될 수도 있다. 페이스북의 '좋아요' 버튼을 누른 내역과 같은 매우 단편적인 데이터를 통해 프로파일링이 이루어질 수도 있다. 2015년 PNAS 학술지에 실린 한 논문은 정확히 페이스북 '좋아요' 데이터를 분석한 내용을 담고 있다.[6]

이 연구에서는 페이스북 이용자들이 '좋아요'를 누르는 패턴을 체계화하여 분석을 시도했다. 사람들이 페이스북을 이용하는 과정에서 제시되는 다양한 개별 뉴스피드에 대해 '좋아요'를 눌렀는지 여부를 가지고 0 또는 1의 숫자가 담긴 거대한 행렬 표를 만들 수 있을 텐데, 이 행렬 표를 이용하여 통계분석을 한 것이다. 논문의 저자들은 이로부터 이용자들을 5가지의 심리 유형으로 분류하는 작업을 진행했다. '좋아요' 버튼을 누른 패턴을 통해 이용자의 심리적 성향을 유형화하여 분석한 것이다.

이런 식의 분석은 실험적인 분석에 그치지 않고 실제로

활용될 수도 있다. 2018년에 미국과 유럽에서 상당한 논란의 대상이 된 바 있는 된 케임브리지 애널리티카Cambridge Analytica 사건이 그 예다. 이 사건은 이 회사가 페이스북 이용자들의 성향에 관한 프로파일링을 하여 이를 선거운동에 활용했다는 의혹이 제기되면서 발생한 것이다. 이 사건의 발생은, 영국의 데이터 기업인 케임브리지 애널리티카가 페이스북 이용자들의 프로필 정보를 수집한 뒤 이를 통계적으로 분석한 것이 출발점이다. 이로부터 이용자의 특징에 기초한 차별화된 선거운동을 하고 나아가 유권자의 의사결정에 영향을 미치고자 했다는 것이 논란의 핵심이다.

인공지능을 천재 또는 바보로 만드는 '학습 데이터'

프로파일링을 위해서는 많은 데이터가 필요하다. 그중에서도 적지 않은 경우에 개인정보가 포함된 데이터가 필수적으로 필요하다. 인공지능 모형을 구축하여 프로파일링을 하려면 이를 위해서 상당한 양의 학습용 데이터가 필요하다. 그리고 학습용 데이터는 편향 없이 모집단의 특징을 잘 반영하는 것이어야 한다. 만약 학습용 데이터에 편향이 있으면 결과값에 상당히 큰 오류가 발생하거나 아예 제대로 작동하지 않을 수도 있기 때문이다.

한 가지 예로 '구두' 이미지 인식을 위한 인공지능 모형을 구축하는 상황을 생각해보자. 학습용 데이터를 마련하기 위해, '구두'라는 검색어로 인터넷 이미지 검색을 하여 그 결과를 학습용 데이터로 이용한다고 상정해보자. 독자 여러분이 실제로 검색해보면 곧바로 확인할 수 있을 것인데, 국내의 주요 검색 서비스에 '구두'를 입력하면 이미지 결과값은 대부분 남성용 정장 구두인 것을 알 수 있다. 만약 이렇게 구해진 이미지를 학습용 데이터로 이용하여 구두를 분류해내는 인공지능 이미지 인식 모델을 구축하면 어떤 결과가 나타날 것인가? 남성용 정장 구두는 상당히 잘 파악하겠지만, 다른 한편 여성용 구두에 대해서는 구두인지 여부조차 제대로 파악하지 못할 가능성이 매우 크다. 이처럼 인공지능 모델에서 애초에 학습용 데이터로 어떤 데이터를 이용했는지는 대단히 중요한 문제가 된다. 편향된 데이터는 편향된 결과를 낳는다.

인공지능은 어떻게 발달해왔는가?

인간의 지능과 차별화되는 넓은 의미에서의 인공
지능에 대한 관심은 무척 오래된 것이다. 동양과
서양 모두에서 고대에서부터 간헐적으로 관심이
나타났다. 현대적 의미의 인공지능은 20세기 중
반에 논의가 본격화되었다고 할 수 있다. 1950년
에 앨런 튜링Alan Turing은 '생각'할 수 있는 기계에
관한 논문을 내고, 인공지능에 관한 '튜링 테스
트Turing Test'를 고안하기도 했다. '인공지능artificial
intelligence'이라는 표현은 1956년 미국에서 열린 학

술대회Dartmouth Workshop을 계기로 본격적으로 쓰이기 시작했다.

인공지능 방법론은 1950년대 이후로 많은 변화를 겪어왔다. 초기의 인공지능은 '심볼릭 인공지능symbolic artificial intelligence'이라고 불리는 방식 등 다양한 시도가 있었다. 1980년대에 시도된 인공지능은 흔히 '전문가 시스템expert system'이라고 하는 방식으로 진행되었다. 최근의 인공지능은 딥러닝으로 대표되는 복잡한 인공신경망을 흔히 이용한다. 최근의 인공지능은 빅데이터의 가용성, GPU로 대표되는 전산처리역량, 알고리즘의 고도화 등을 배경으로 하여 과거와는 차별화되는 매우 높은 수준의 역량을 보여주고 있다.

현대의 인공지능에서 데이터가 중요한
이유는 무엇인가?

이전 세대의 인공지능이라 할 수 있는 '전문가 시

스템'은 개념적으로 볼 때 데이터와 규칙rule을 입력하여 결과값을 얻어내는 방식이라 할 수 있다. 말하자면, "if…then…" 방식의 문장이 반복적으로 나타나면서 종국적인 판단이나 결과를 얻어내는 방식인 것이다. 이 방식이 유용하게 작동하기 위해서는 원하는 영역에 관해 풍부하고 다양한 규칙을 마련해놓는 것이 중요하다.

한편, 현재의 인공지능은 풍부한 데이터를 확보하여 학습하는 것이 핵심 관건이다. 특히 현실적으로 가장 많이 쓰이는 인공지능은 지도학습 방식의 인공지능인데, 지도학습을 위해서는 레이블label된 데이터를 충분히 확보하는 것이 중요하다. 개념적으로는 풍부한 데이터에 레이블을 하여 결과값을 표시하고, 이로부터 규칙을 도출해내게 된다. 이 규칙이 인공지능 모형으로 작동하게 되는데, 일단 인공지능 모형이 마련되고 나면 해당 모형에 입력값input을 입력한 뒤 결과output를 도출하는 방식으로 작동된다. 데이터의 중요성을 강조하여, '쓰레기를 넣으면 쓰레기가 나온다garbage in, garbage out'는 관행적 표현이 언급되기도 한다.

사용자 입장에서 데이터 수집과 프로
파일링의 장단점은?

프로파일링은 수집된 데이터를 정리하고 이해하
는 과정이라 할 수 있다. 프로파일링을 통해서 데
이터 분석이 더 체계화되고 더 세밀해질 수 있다.
인터넷 검색 엔진의 예를 들자면, 프로파일링 결
과를 활용하여 이용자의 선호나 취향을 반영한
더 유용하고 정확한 결과의 제시가 가능해진다.
전자상거래 맥락이라면, 이용자의 성별, 연령, 취
향 등을 고려하여 소비자가 관심을 가질 법한 상
품들을 선별하여 보여주는 것이 가능해진다. 일
반적으로 풍부하고 다양한 데이터가 있을수록 프
로파일링 또한 더 정확해지고 풍부해진다.

한편, 프로파일링은 소비자에게 불편함과 불
안감을 줄 수도 있다. 특히, 민감성이 높은 유형의

정보와 관련된 프로파일링에 대해서는 소비자들이 불안감을 호소할 가능성이 높다. 예를 들어, 프로파일링을 통해서 고혈압 위험이 높은 소비자군을 추출해 내는 것이 가능하다고 하자. 이로부터 해당 소비자군에게 고혈압과 관련된 광고가 집중적으로 노출된다면, 이러한 광고에 대해 불안감을 호소하는 소비자가 적지 않을 것이다.

2부_____

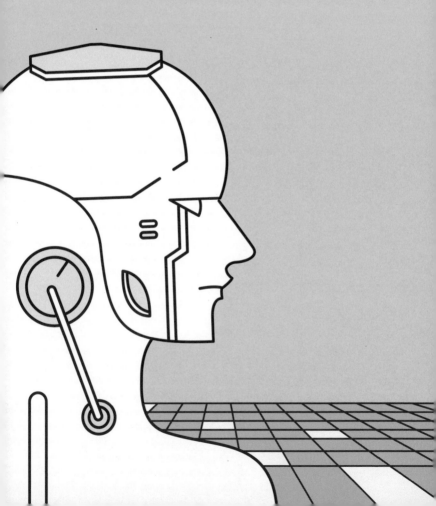

인공지능,

어디까지

왔나

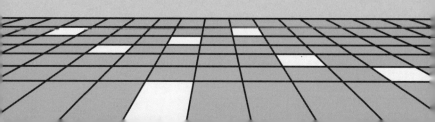

인공지능은 이미 많은 영역에서 상용화되어 활용되고 있다. 인공지능을 활용한 의사결정은 우리의 일상생활에 상당한 도움을 주고 있기도 하다. 하지만 이로 인한 여러 형태의 불안감이 나타나기도 하고, 새로운 의문이 제기되고 있기도 하다. 앞으로 인공지능이 보다 널리 활용될 수 있으려면 무엇보다 인공지능기술 자체에 대한 신뢰도가 높아져야 할 것이다.

인공지능이
우리를 채용하게 된다면

2부에서는 실제로 인공지능을 활용한 의사결정 사례와 이슈들에 대해 좀 더 구체적으로 살펴보기로 한다. 여러 영역에서의 예시를 통해 이해도를 높이고 현실감을 확보하고자 한다. 구체적으로는 채용과 관련하여 활용되는 인공지능 면접, 인터넷 검색이나 전자상거래 등 다양한 맥락에서 활용되는 추천 알고리즘, 시장에서의 상품에 대한 가격차별, 인공지능 스피커나 안면인식과 같이 계속 발전하고 변모하는 기술, 금융시장에서의 신용평가 등의 영역을 살펴본다. 그중 첫 번째로 인공지능 면접의 경우를 보자.

언제부터인가 블라인드 오디션이라는 표현이 종종 쓰이기 시작했다. 이로부터 영감을 얻은 것인지 모르지만, 우리나라에서는 몇 년 전부터 블라인드 채용의 개념이 활용되고 있기도 하다. 2000년 미국의 주요 학술지에 블라인드 오디션에 대해 분석한 결과가 발표된 바 있다.[7]

이 연구는 미국의 교향악단 단원의 구성에 관해 연구한 것이다. 과거 1970년 무렵에는 미국 유수의 오케스트라 연주자 중 여성 연주자의 비율이 5퍼센트 수준으로 상당히 적었는데, 그 이후 지속적으로 늘어나서 1990년대 말에는 여성 단원의 비율이 25퍼센트 수준이 되었고 최근에는 절반 정도인 경우도 있다. 이 연구는 이처럼 1970년대 이후로 여성 단원이 늘어나게 된 것에 블라인드 오디션이 큰 영향을 미쳤다는 분석을 제시한 것이다.

블라인드 오디션은 심사위원들이 오케스트라에 지원한 연주자의 성별을 포함하여 신원에 대해서는 아무것도 알지 못하는 상태에서 연주 소리만을 듣고 평가하는 것이다. 당연히 여성이라는 이유나 그밖에 연주 이외의 이유로 불이익을 받지 않고, 오로지 연주 실력에 기초하여 평가를 받는 방식이다. 따라서 객관적으로 실력만을 평가하여 채용한다는 취지로 이해할 수 있다.

블라인드 오디션의 특징을 인공지능과 관련하여 어떻게 재해석할 수 있을까? 블라인드 오디션은 개별 연주자가 가진 다양한 배경이나 특징의 대부분을 무시하고 연주 실력에 집중하여 평가를 하는 방식이다. 오케스트라 단원의 채용에 있어서 개별 연주자의 연주 실력이 단원으로서 핵심적일뿐더러, 거의 유일무이한 덕목이라면 블라인드 오디션을 통해 핵심 자질을 파악할 수 있을 것이므로 블라인드 오디션이 매우 유용한 방식이 될 수 있다. 핵심 자질이 있는지 판단하는 데 도움이 되는 데이터에만 집중할 수 있게 해주기 때문이다. 한편, 예를 들어 다른 단원들과의 협업 능력이 사실은 연주 실력에 못지않게 중요한 덕목이라면 블라인드 오디션을 통해서는 그러한 능력을 파악하기 어렵다. 또한 연주 '실력'이라는 것이 개인의 선호나 취향에 따라 달리 평가될 수 있는 여지가 많다면 블라인드 오디션이 그 역할을 제대로 하기도 어렵다. 그와 별도로, 오디션 과정을 통해 인종이나 사회적 배경 등의 여러 요소를 고려하는 것이 필요할 수도 있는데, 블라인드 오디션은 그러한 고려의 가능성을 원천적으로 차단하는 것이어서 또 다른 부작용이 있다는 문제 제기가 나오기도 한다.

인공지능 기술을 채용 과정에 활용할 가능성에 대해 좀 더 구체적으로 생각해보자. 실제로 그러한 시도를 하는 기업들이 종종 있는데, 전자상거래 업체인 아마존에서는 2018년에 인공지능 기술을 활용해서 이력서를 평가하는 알고리즘을 개발해오다가 결국 해당 개발팀을 해체하기로 했다는 것이 보도된 바 있다. 개발팀의 해체 이유나 개발 중이던 채용 알고리즘의 한계에 관해서는 구체적인 추가 설명이 제공되지 않았기 때문에 정확한 것은 알 수 없지만, 가장 흔히 언급되는 것은 회사에서 이용한 학습 데이터의 한계에 관한 것이다.

즉 아마존에서는 그 이전 10년 정도의 기간에 회사에 지원한 사람들의 이력서를 활용하여 인공지능 모델을 구축하고자 했는데, 그 기간에 회사에 지원한 사람 중 여성의 비율 자체가 낮았던 것이 문제의 출발점이라는 것이다. 더군다나 IT 업무를 다루는 직군은 여성 비율이 더욱 낮았다는 한계도 있다. 알고리즘의 개발 과정에서, 이력서에 여학교 이름이나 여성 전용 동아리 이름 등 여성임을 파악할 수 있는 표현이 있으면 부정적인 평가가 지속적으로 나타나는 것이 파악되었고, 결국 이 작업은 잠정 중단되었다.

앞에서 언급한 것과 같이, 당초에 학습 데이터를 어떻게 구축하느냐 하는 것이 인공지능 개발에 있어 대단히 중요한 문제다. 아마존의 사례는 이를 다시 한번 확인해준 것이라고 할 수 있다.

채용 의사결정 과정에서의 인공지능 활용

우리나라에서도 채용 과정에서 인공지능 기술이 활용되고 있다. 예를 들어, 초기의 서류전형 단계 또는 면접 단계에서 인공지능 기술을 보유한 전문업체가 참여하여 절차를 진행하는 것이다. 서류전형이나 면접의 단계에서 전문업체의 도움을 받아 인공지능 기술을 활용한다고 할 때, 인사담당자 입장에서는 여러 가지 편리한 장점이 있을 수 있다. 우선 대기업이나 일부 공기업처럼 지원자가 적지 않은 곳이라면 채용 과정에서의 절차를 좀 더 전문화하고 비용을 줄이는 효과가 있을 것이다. 또한 인공지능을 통해 보다 객관적인 평가가 가능하고 재량이나 자의적 판단이 작용할 여지가 적을 것이라는 인식이 생길 수 있다. 여기서 더 나아가, 채용과정에서의 부당함이나 불공정을 주장하는 채용 시비나 분쟁으로부터 자유롭게 될 것이라는 기대가 있을 수도 있다.

다른 한편, 잠재적 지원자의 입장에서는 인공지능 면접을 어떻게 바라볼까? 면접관 앞에서 하게 되는 면접과 비교할 때 인공지능 면접이 더 객관적이고 정확한 판단을 할 것으로 보고 신뢰감을 보일 것인가? 인공지능 면접을 통해 합격한 지원자는 어쨌든 합격했으니 별다른 불만이 없을 수도 있지만, 불합격된 지원자는 '인공지능이 어떻게 판단하여 나를 떨어뜨린 거지?'라는 의문이 생길 수 있다. 특히 불합격된 지원자가, 자신이 보기에 경쟁력이 높아 보이지 않는 다른 지원자가 합격한 것을 발견할 경우에는 그런 의문이 더욱 깊어질 것이다. 이와 같은 지원자의 질문에 대해 인공지능 기술 개발사는 어떤 식의 설명을 할 수 있을까?

인공지능 면접의 과정에서 이용될 수 있는 기술 중에서 많은 주목을 받는 것은 이미지나 영상과 관련된 비전^{vision} 영역의 인공지능 기술이다. 이 기술을 활용하여, 면접대상자가 지원자 본인이 맞는지 확인이나 인증을 하는 기능을 수행할 수 있고, 그로부터 한걸음 더 나아가 면접대상자의 표정이나 감정 변화 등을 체계화하여 파악하려는 시도가 이루어질 수도 있다. 이미지나 영상 기술을 활용하는 것에 대해 불안감이나 부당함을 호소하는 시각도 있다. 우선 면접 시간 내내 카메라를 통해 얼굴을 보여주어야 한다는 것에 대해 심리적 불편함이나 프라이버시 침해 가능성이 제기될 수 있고, 면접대상자의 얼굴이나 표정을 분석하여 적성 또는 성향을 파악하려는 시도 자체에 대해 학술적 정당성에 대한 근본적인 의심이 제기되기도 한다. 실제로 인공지능 면접 기술을 활용한 일부 공공기관에 대해 정보공개청구가 이루어지는 등 문제 제기가 공식화된 바도 있다.

이런 논란의 가능성에도 불구하고 인공지능 면접은 이미 일정 수준의 활용도를 확보한 것으로 보인다. 그렇다면 대체 어떤 사회적 맥락을 배경으로 인공지능 면접 기술이 등장하고 도입되게 되었는지 생각해볼 필요가 있다.

"느그 아버지 뭐하시노?"라는 유명한 영화 대사가 있다. 이는 너무나 잘 알려진 풍자적 대사다. 초등학교 때부터 시작하여 학교에서 학생의 부모님이 어떤 사람인지 알고자 하는 이유는 무엇일까? 학생에 대해 제대로 교육을 하기 위해서는 부모님에 관한 정보를 포함하여 학생의 환경을 알아야 한다는 시각이 있을 수 있고, 반대로 부모님에 관한 정보는 많은 경우에 불필요한 것이고 오히려 편향된 시각을 불러오기 쉽다는 시각도 있을 수 있다. 이와 관련된 문제의식이 깔려 있는 이 대사야말로 상징적으로 인공지능 면접이 등장한 이유를 설명하는 것이 아닐까 싶다.

과거에는 '가정환경조사서'라는 것이 있어서, 이를 학교에 정기적으로 제출해야 했다. 이 서류에는 부모님의 직업과 학력을 구체적으로 표기하는 항목이 있는 것은 물론, 가정 형편에 관한 항목도 있어서 주택 및 자동차 유무까지 표시하게 했다. 이제 더 이상 가정환경조사서는 쓰지 않는 것으로 제도가 바뀌었지만, 교육 현장에서는 학생의 환경을 알아야 보다 효과적인 지도가 가능하다는 불만의 소리가 있기도 하다. 좀 더 차분하게 생각해보면, 부모님에 관한 정보를 포함하여 학생의 환경에 관한 정보 중에서 실제로 교육목적상 도움이 되는 정보도 있고, 그렇지 않은 정보도 있다. 또한 정보의 구체적인 용도나 목적 또는 개별 상황에 따라 필요한 정보의 세부적인 내용이 달라지는 것이 보통이다. 다른 한편, 가정환경에 관한 개별 항목들을 보면 민감성이나 프라이버시에 미치는 영향을 고려할 때 상당히 조심스러울 수밖에 없는 것도 적지 않다.

취업으로 돌아와보면, 회사 입장에서는 지원자에 대해 이것저것 많이 아는 것이 평가를 잘하기 위해 중요하다고 주장할 수 있다. 하지만 그렇다고 해서 지원자에 관한 어떤 정보든 모두 유용하다고 보기는 어렵다. 그렇다면 매우 다양한 정보 항목 중에서 어떤 정보가 채용 판단에 유용한 정보이고, 어떤 정보는 굳이 필요하지 않은 정보일까? 이런 질문은 채용은 물론 인공지능이 활용될 수 있는 모든 영역에서 지속적으로 고민해야 할 질문이다.

인공지능 기술을 이용해서 사람을 채용하는 경우, 통계적으로 의미 있는 유형의 정보가 어떤 것인지 분류해서 생각해볼 필요가 있다. 예를 들어, 다한증 증세가 있는 취업 준비생이 있다고 하자. 본인의 얼굴을 계속 노출해야 하는 인공지능 면접을 거치면서 다한증이 있는지 밝혀질 가능성을 어떻게 볼 것인가? 만일 고객을 계속 상대해야 하는 유형의 업무라면 다한증이 있는 것이 부적절할 수도 있다. 한편, 그 이외의 많은 업무에서는 다한증 여부가 중요하지 않을 것이다. 구체적인 업무에 따라 요구되는 자질도 다르고 유의미한 정보 항목도 다른 것이다. 개별 업무의 수행을 위해 필요한 자질이 어떤 것인지 고려하여 통계적으로 의미 없는 정보라면 그런 정보는 당연히 수집하지 말아야 한다. 통계적으로 의미 있는 정보일지라도 사회적 맥락을 고려할 때 조심스럽다고 판단되는 유형의 정보에 대해서는 별도의 고민이 필요하다.

인공지능, 아직까지는 '맥락'을 이해하지 못해

데이터를 재료 삼아 모형을 만들 때는 그 맥락을 잘 고려할 필요가 있다. 특히 사회를 구성하는 개인과 관련된 의사결정 모형은 사회적 맥락을 파악하여 반영하는 것이 중요할 수 있다. 다음 그래프를 보자. 가상의 상황을 통해, 데이터 분석을 함에 있어 그 배경 맥락을 잘 고려할 필요가 있음을 구체화하여 보여주는 것이다.[8] 그래프의 가로축은 취업지원자가 컴퓨터공학 관련 선택과목을 몇 과목이나 수강했는지를 보여주는 것이고, 세로축은 그 지원자가 회사에 취업해서 소프트웨어 엔지니어로서 어떤 성과를 냈는지를 수치화하여 보여주는 것이다. 점으로 표시된 것은 개개인에 관한 것이고, 직선으로 표시된 것은 이를 선형 관계로 회귀분석regression을 한 결과를 보여주는 것이다. 왼쪽 그

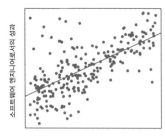
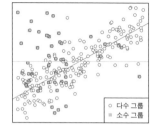

소프트웨어 엔지니어로서의 성과

선택과목 수강 수

○ 다수 그룹
■ 소수 그룹

업무성과 예측: 맥락 읽기

림에 보이는 직선은 분석대상이 된 지원자 모두에 관해 하나의 직선을 통해 통계적 관계를 분석한 것이다. 이 직선은 컴퓨터공학 관련 선택과목을 많이 수강할수록 대체로 취업 후에 성과가 좋았음을 보여준다.

한편 오른쪽 그림은 같은 지원자들에 대해 사회적인 맥락을 고려하여 분석한 결과를 보여주는 것이다. 지원자들을 '다수 그룹Majority' 및 '소수 그룹Minority'의 두 그룹으로 각각 나누어 분석한 뒤, 이를 두 개의 직선으로 표시한 것이다. 다수 그룹은 별다른 사회경제적 불편함 없이 학교를 다닌 학생들을 가리키는 것이고, 소수 그룹은 사회경제적 취약계층으로서 어려운 환경 하에서 학교를 다닌 학생들을 가리키는 것으로 해석할 수 있다.

이중 다수 그룹에서는 선택과목을 많이 수강한 것이 실제로 회사에서의 성과와 통계적인 연관관계가 있음을 명확하게 볼 수 있다. 동그라미로 된 점들은 다수 그룹에 속하는 학생들을 표시한 것이고, 우상향하는 직선은 동그라미로 표시된 학생들에 관해 통계분석을 한 결과를 보여주는 것이다. 이 직선은 왼쪽 그림에 있는 직선과 유사하지만, 기울기가 약간 더 가파르다. 즉 학생 시절의 학점 취득과 업무 성취도 사이의 통계적 관계가 좀 더 명확한 것이다. 이와 구분되는 네모로 표시된 점들은 소수 그룹 학생들에 관한 것이다. 이 점들은 그래프의 여러 곳에 흩어져 있다. 이 점들 사이의 관계는 통계적으로 수평선에 가까운 직선으로 표시되어 있다. 이 직선보다 더 중요한 것은, 소수 그룹 지원자들에 관한 데이터를 분석할 때는 이 그래프를 통해서는 의미 있는 패턴이나 경향성을 찾기 어렵다는 것이다. 즉 소수 그룹에 속하는 학생들 중에서는 컴퓨터공학 선택과목을 여럿 이수하고 나서, 취업 후 좋은 성과를 낸 경우와 그렇지 못한 경우가 뒤섞여 있고, 선택과목을 적게 이수하고 나서도 취업 후 성과가 좋은 경우와 그렇지 못한 경우가 뒤섞여 있는 것이다.

이런 결과가 시사하는 것은 무엇인가? 회사의 채용 과정에서 컴퓨터공학 영역의 선택과목을 얼마나 많이 수강했는지가 학생들의 사회경제적 배경에 따라서 유용한 데이터로 활용될 수도 있고 그렇지 않을 수도 있어서, 이를 고려하여 판단하는 것이 필요할 수 있다는 것이다. 따라서 전체 지원자를 하나의 그룹으로 보고 판단하는 것은 현실을 도외시하는 것이 될 수 있다. 만일 그렇게 할 경우, 이를 통해 사회경제적 취약계층에 해당하는 지원자들에 대해서는 판단에 있어 더욱 커다란 왜곡을 낳을 수도 있다. 더 넓게는, 채용 절차와 평가를 진행하는 과정에서 주어진 데이터를 통해 곧바로 드러나지는 않을 수도 있는 사회적 맥락을 파악하기 위한 노력이 필요할 수 있다는 중요한 시사점을 준다.

한편, 사회적 맥락에 대한 고려를 위해서는 지원자의 사회경제적 환경에 대한 정보가 필요하다. 앞의 예에서, 이러한 정보가 있어야 소수 그룹에 속하는 지원자에 대해 구분하여 더욱 정확하고 공정한 판단을 하는 것이 가능하다. 그런데 이와 같은 정보가 주어질 경우에 정확한 판단을 하기 위해 이용되기보다, 사회경제적 취약계층에 대해 불이익을 주는 판단을 하기 위한 용도로 활용될 우려가 제기될 수 있다. 그런 이유로 인해 지원자의 사회경제적 환경에 대한 정보가 파악되지 않는다면, 왼쪽 그림에 있는 것과 같이 지원자를 동일한 집단으로 보고 평가를 하게 될 수 있고, 그 결과 소수 그룹에 속하는 지원자들에 대해서는 왜곡된 판단이 초래될 가능성이 크다. 결국은 데이터의 활용가능성 확보를 위해서는 데이터 오남용이나 부작용의 가능성이 크지 않을 것이라는 신뢰가 함께 확보되는 것이 중요하다.

인공지능 기술은
공정한가

이제 추천 알고리즘을 살펴보자. 추천 알고리즘은 일상의 다양한 인터넷 활동과 관련하여 매우 활용도가 높다. 예를 들어 넷플릭스는 처음 가입할 때 선호하는 영화 몇 편만 표시하면 그다음부터는 알아서 영상 추천을 해준다. 알고리즘 고도화를 통해 이용자들이 흥미를 가질 법한 영화들을 찾아서 추천해주는 것이다. 유튜브나 인스타그램도 마찬가지다. 개별 이용자가 몇몇 콘텐츠를 찾아서 보기 시작하면 그로부터 관련성이 높은 콘텐츠를 선별하여 추천해준다.

이러한 추천 알고리즘의 작동을 통해, '정보의 바다' 속에서 이용자가 관심을 가질 법한 콘텐츠를 찾아내서 제공하는 것이 가능해진다. 그런 만큼 추천 알고리즘은 인터넷의 작동에 있어 현실적으로 매우 중요한 역할을 한다. 다른 한편, 일단 이용자가 보기 시작한 콘텐츠에 대해 그와 유사한 콘텐츠를 계속 찾아서 추천하는 것으로 인해, 편향이나 쏠림 현상이 크게 나타난다는 우려의 시각도 있다. 더 나아가, 추천 알고리즘의 작동으로 인해 확증편향이 나타난다거나 이용자가 중독에 빠지는 상황이 발생하는 것은 아닌지에 대한 문제 제기도 나타난다.

추천 알고리즘과 관련하여 국내에서 주기적으로 사회적 또는 정치적 논란이 발생하게 되는 영역 하나는 인터넷 플랫폼을 통해서 뉴스를 보게 되는 메커니즘과 관련된 것이다. 뉴스 추천 메커니즘이 객관적이고 공정한 것인지에 관한 논란은 반복적으로 우리 사회의 이슈가 된다. 논란의 일부는 뉴스 추천의 과정에서 사람에 의한 작위적인 개입이 있는 것은 아닌지에 관한 의심이나 주장에서 출발한다. 이에 대해 인터넷 플랫폼들은 대체로 인공지능을 활용하여 추천 알고리즘을 고도화하고 자동화된 메커니즘을 도입하는 방향의 의사결정을 하고 있다. 그룹별 또는 개인별로 각기 다른 뉴스가 노출될 수 있도록 맞춤형 서비스를 강화하는 방향의 기술 고도화를 시도하기도 한다.

과연 추천 알고리즘이 원활하게 작동하고 더욱 고도화되면 더 이상 공정성을 둘러싼 문제 제기는 생기지 않을까? 현재의 정황으로는 적어도 당분간 그러한 문제 제기가 잦아들 것 같지는 않다. 오히려 추천 알고리즘의 활용도가 늘어나면서 논란은 더욱 다양한 맥락에서 나타날 가능성이 크다. 예를 들면, 앱을 이용하여 택시를 부르는 서비스 관련하여, 카카오T 앱을 이용하여 택시를 부르면 카카오택시에 더 우호적인 배차를 하는 것 아닌가 하는 의심이 제기된 바 있다. 이에 대해 카카오 측에서는 인공지능 알고리즘을 이용하여 배차를 하기 때문에 인위적인 개입의 여지는 없고 카카오택시에 대한 우호적인 배차를 하는 것도 아니라고 반박했다.

음식 배달 서비스를 둘러싸고 문제 제기가 나오기도 했다. 알고리즘이 이용되면서, 이동 거리가 먼 엉뚱한 곳이나 그 이외에 라이더 입장에서 불편한 곳으로 배차가 이루어진다는 주장이 나타나기도 했고, 알고리즘을 이용한 추천 경로 안내가 부정확하다는 주장도 제기된 바 있다. 이에 대해, 알고리즘의 활용도가 늘어나면서 라이더의 교통사고

비율이 낮아졌다거나 하는, 알고리즘의 유용성을 정당화하는 설명이 제시되기도 했다.

전자상거래의 영역을 보자. 전자상거래에 있어서도 추천 알고리즘은 매우 중요한 역할을 한다. 국내와 해외 모두 마찬가지다. 전자상거래 업체 중에서 전 세계적으로 가장 주목을 많이 받는 회사는 아마도 아마존이라고 할 수 있을 텐데, 아마존은 일찍부터 추천 알고리즘을 고도화해온 회사로 꼽힌다. 실제로 아마존을 통해 발생하는 매출의 35퍼센트 정도가 추천에 기초한 것이라는 보고가 있기도 하다.

전자상거래의 경우에, 이용자가 물건을 검색하면 그 결과를 어떻게 배열하여 보여줄 것인지가 매우 중요한 이슈가 된다. 매출과 관련해서는 이용자가 관심을 가질 법한 상품을 검색 결과의 첫 페이지에 노출되도록 하는 것이 중요하다. 첫 페이지 중에서도 상단에 노출되는 것이 중요하다. 이용자가 상품에 대한 검색을 하면 이에 대해 흔히 '관련도' 점수를 부여하여 검색 결과에 대한 노출의 순서와 방식을 정하게 된다.

여기서 관련도 점수가 구체적으로 어떤 기준과 원리에 따라 정해지는가에 대해서는 끊임없이 회사 스스로 또한 회사의 외부자 시각에서 관심을 가지게 된다. 매출과 직결되는 요소이기 때문이다. 불이익을 호소하는 사례들이 주기적으로 나타나는 한편, 아마존 등 전자상거래 플랫폼 업체 입장에서는 여러 가지 이유로 알고리즘에 대한 투명성 제고에 대해 한계가 있음을 호소한다.

이처럼 다양한 맥락에서 알고리즘의 활용도가 늘어나는 상황에서, 그것이 일부 시장 참가자에게는 부당한 불이익을 주고 이용자들에게 편향을 야기하는 것은 아닌지에 관한 불안과 의혹의 시선이 계속 나타나고 있다. 한편 그에 대해 알고리즘을 활용하는 기업들은 알고리즘의 유용성에 대해 호소하면서 공방이 주기적으로 반복되고 있는 상황이다.

알고리즘을 이용한 추천 메커니즘

그렇다면 추천 알고리즘recommender system은 어떻게 작동하는 것일까? 넓게는 콘텐츠 기반 필터링content-based filtering이라는 방식과 협업 필터링collaborative filtering이라는 방식이 있다. 그 조합이나 변형도 가능하다.

먼저 콘텐츠 기반 필터링 방식을 보자. 이 방식은 추천 알고리즘 중에서 좀 더 고전적인 방식으로, 사용자의 특징이나 선호에 관한 프로필을 만든 뒤에 이를 주어진 데이터베이스에 담긴 콘텐츠의 속성과 매치해서 추천하는 방식이다. 예를 들어, 사용자가 어떤 노래를 들었는지 파악하여 그중 많이 들은 장르가 힙합이라고 하면 사용자의 노래 취향을 힙합이라고 판단해서 새로운 힙합 노래가 나오면 추천해주는 방식이다. 구체적인 추천의 과정에서는 '유사도 similarity' 점수를 계산하여 추천의 순위를 정하게 된다.

이 방식이 잘 작동하기 위해서는 사용자의 특징이나 선호를 잘 파악하여 정확한 프로필을 만들어두는 것이 중요하다. 또한 이와 매치가 되는 데이터베이스에 담긴 콘텐츠에 대해 정확한 분류가 되어 있고 그에 대해 레이블링이 잘 이루어져 있다는 것이 중요한 전제가 된다. 이러한 전제가 제대로 충족이 되지 않는다면, 추천 알고리즘이 작동하더라도 사용자가 관심을 보이지 않을 법한 엉뚱한 추천이 발생할 확률이 커질 것이다.

콘텐츠 기반 필터링과는 차별화되는 중요한 방식으로 협업 필터링collaborative filtering 방식이 있다. 이 방식은 상대적으로 최근에 들어와서 고도화되었고 그러면서 활용도가

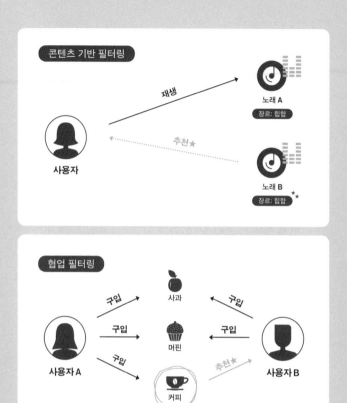

콘텐츠 기반 필터링과 협업 필터링

더욱 높아진 알고리즘이다. 유사한 속성을 가진 사용자들 사이의 선호나 취향에 관한 데이터를 추출하여, 이로부터 개별 사용자의 선호나 취향에 관한 예측을 하는 방식이다. 예를 들어 사용자 A와 B의 구매 패턴을 비교했을 때, 10개의 물건 중 1~8번까지는 구매 패턴이 똑같은데 9번의 경우 사용자 A는 구매하고 사용자 B는 구매하지 않았다면 사용자 B에게 9번 구매를 권유하는 것이다. 반대로 10번 물건에 대해 사용자 B는 구매했는데 사용자 A는 구매하지 않았다면 10번 물건은 사용자 A에게 추천하는 것이다.

앞의 그림에서, 유사한 특징을 보이는 A와 B 사이에, A는 커피를 구매했는데 B는 구매하지 않았다면 B에게 커피를 추천하는 것이 협업 필터링의 하나의 예가 될 수 있다. 즉 구매 패턴이 비슷한 사람을 골라 그중 다른 값을 보이는 항목을 찾아서 이를 다른 사람에게 추천하는 방식이다. 협업 필터링은 활용도가 계속 늘어나고 있다. 협업 필터링 방식의 알고리즘이 효과적으로 작동하기 위해서는, 유사한 특징이나 선호를 가진 그룹 구성원들이 존재하고 이러한 그룹에 속하는 구성원들의 선호 구조에 대해 상세한 파악이 가능해야 한다.

알고리즘을 이용한 추천 메커니즘에는 협업 필터링과 콘텐츠 기반 필터링이라는 두 가지 메커니즘이 주로 언급되지만, 실무적으로는 이 두 가지 방식을 조합하기도 하고 그 이외에도 다양한 추가적 응용이나 변형이 이루어지는 것으로 보인다.

개인화된 가격, 가격차별은 선일까 악일까?

소비자들에게 어떤 상품과 서비스를 추천할 것인지도 중요하지만, 가격을 어떻게 책정하여 제시할 것인지도 중요하다. 같은 상품에 대해 모든 소비자에게 같은 가격을 책정해야 할까? 또는 개별 소비자별로 선호와 그 이외의 여러 요소를 고려하여 같은 상품일지라도 다른 가격을 부여하는 것이 좋은 것일까? 인공지능 기술이 발전하면서 적어도 이론적으로는 같은 상품에 대해서도 소비자별로 다른 가격을 책정하는 것이 어렵지 않은 상황이 되고 있다. 이를 개인화된 가격personalized pricing이라고 표현하기도 한다. 또한 시간이나 위치 등의 요소에 따라 가격에 변화를 주는 방식도 있다. 이를 다이내믹 프라이싱dynamic pricing이라고 한다. 예를 들어, 대규모 운동경기가 끝난 직후 경기장 근처에 대중교통 수요가 크게 늘어나는 것을 반영하여, 택시 요금이 높아질 수 있다면 이를 다이내믹 프라이싱의 한 형태로 이해할 수 있다.

개인이나 그룹별로 가격을 달리 정하는 것을 경제학에서는 가격차별price discrimination이라고 부른다. 차별이라는 단어는 일상 용어로는 부정적인 뉘앙스가 담긴 것이지만, 경제학 용어로서의 차별, 특히 가격차별은 그 자체로 긍정적이거나 부정적인 가치평가를 전제하지 않는 표현이다.

과거에는 같은 물건에 대해서는 일괄적으로 하나의 가격uniform pricing을 책정하는 경우를 어렵지 않게 볼 수 있었다. 한편 기술이 발전하면서 가격차별화를 위한 시도가 이루어지기도 했다. 벌써 꽤 오래전 일이지만, CD가 있던 시절에 아마존에서 CD 가격에 대해 이용자 그룹별로 가격을 달리 책정하려고 한 것 같다는 의혹이 제기된 적이 있다. 그러한 가격차별의 가능성에 대해 소비자들의 반발이 계속되자 아마존이 소비자들에게 사과하고 더 이상 차등화된 가격을 부과하지 않겠다고 발표한 바 있다.

한편, 인공지능 빅데이터 시대가 되면서 가격차별화가 더 많이 이뤄질 수 있는 기술적 환경이 마련되고 있다. 적어도 이론적으로는 같은 물건에 대해 개별 소비자들에게 각기 다른 가격을 책정하는 것이 가능한 것이다. 예를 들어, 모바일 앱을 통해서, 같은 공간에 있는 소비자들에게도 각각의 소비자들의 특징과 선호를 고려하여 각기 다른 가격을 보여주는 것이 기술적으로 어렵지 않다. 다만 그에 대해 소비자가 부정적인 반응을 보일 가능성 등 다른 여러 요소를 고려하면, 가격차별화의 본격적인 도입에 대해 판매자 입장에서 조심스러운 태도를 보이는 것이 일반적인 듯하다.

경제학에서는 개인화된 가격을 완전 가격차별 또는 1등급 가격차별first-degree price discrimination이라고 부른다. 이러한 가격차별은 과거에는 교과서에만 존재하는 것으로 인식되었는데, 이제는 개인 맞춤형 가격을 책정하는 것이 충분히 가능해졌다. 개인화된 가격이 가능하다고 할 때 이를 어떻게 바라볼 것인가? 사회적인 관점에서는 가격차별을 긍정적으로 볼 수 있는 면도 있고 그렇지 않은 면도 있다.

예를 들어 생각해보자. 교과서로도 쓰일 수 있는 특정 법률 영역의 전문서가 3만 원 균일가로 판매되고 있다고 하자. 만일 가격차별이 시행된다면, 고객에 대한 분석을 하여 책 가격이 3만 원이 아니라 5만 원이어도 기꺼이 살 것으로 보이는 변호사에게는 5만 원에 팔고, 3만 원도 부담스러운 학생이라면 2만 원으로 가격을 낮춰 파는 것이 가능해진다. 이런 방식의 가격차별을 통해, 기존에는 책을 구매하는 것이 매우 부담스러웠던 학생 입장에서는 고마운 상황이 생겨나지만, 반대로 변호사 입장에서는 부당하게 느껴질 수 있다.

이처럼 가격차별은 가격차별이 없었더라면 구매를 하지 못했을 법한 고객에게 구매를 가능하게 해준다는 점에서 긍정적인 효과가 있다. 기술이 더 개발된다면 더욱 세밀한 분석을 통해 더 세밀하게 가격차별을 할 수도 있다. 예를 들어, 책값 2만 원도 부담스러운 학생에게는 1만 5천 원에 파는 등 한 사람 한 사람에 대해서 각기 차별화된 가격을 부과할 수 있다. 그런데 이렇게 되면 훨씬 더 많은 사람이 책을 살 수 있게 되는 효과는 있겠지만, 그로부터 발생하는 부가가치 내지 잉여surplus를 판매자가 차지하게 되는 문제가 생길 수 있다. 가격차별이란 이렇게 긍정적인 측면과 부정적인 측면이 섞여서 나타나게 되고, 시장 안에서의 개별 구성원에 따라서 유리할 수도 있고 불리할 수도 있다.

인터넷 이용자를 파악함에 있어 중요한 요소 하나는 위치에 관한 것이다. 전자상거래 맥락에서도 잠재적 고객의 위치를 고려할 수 있고 이에 기초한 가격차별이 발생할 수 있다. 일찍이 2012년에 《월스트리트저널》에서 이에 관해 파악하는 조사를 하여 보도한 바 있다. 오프라인 체인을 유지하는 동시에 온라인 판매도 하는 특정 사무용품 판매 체인점의 미국 내 가격정책에 대해 조사한 것이다.

조사결과 인터넷 IP주소를 기준으로 파악되는 위치에 따라서 사무용품의 가격이 달리 나타난다는 결론이 도출되었다. 즉 고객의 IP주소를 기준으로 파악된 위치 그리고 같은 체인의 오프라인 점포가 해당 고객의 근처에 있는지, 있다면 거리가 얼마나 되는지에 따라 가격이 달리 책정되는 알고리즘이 작동되는 것으로 추정된 것이다. 쉽게 말해, 고객이 온라인 검색을 했는데 근처에 오프라인 점포가 있다면 온라인 사이트에서 판매하는 가격이 상대적으로 싸고, 반면에 오프라인 점포에서 먼 곳에서 검색을 하면 온라인 사이트의 가격이 비싸다는 것이 밝혀진 것이다. 이는 어찌보면 회사 입장에서는 합리적인 가격정책이다. 왜냐하면, 고객 입장에서는 온라인으로 주문을 할지 오프라인 매장에 직접 가서 구입을 할지 고민이 될 수 있는데, 만일 오프라인 점포가 멀리 떨어져 있다면 매장에 직접 찾아가는 것은 번거로운 것이 될 것이므로 가급적 온라인을 통해 주문하고자 하는 태도가 좀 더 강할 것이기 때문이다. 반면에 오프라인 점포가 가까운 곳에 있을 경우 온라인 가격이 좀 비싸다는 판단이 들면 오프라인 점포에 가서 물건을 직접 보고 판단하려 할 태도가 좀 더 쉽게 나타날 것이다.

이를 사회적 맥락을 고려하여 해석해보자. 오프라인 점포를 어렵지 않게 찾을 수 있는 곳은 전문직 종사자가 많이 거주할 법한 지역이다. 사무용품에 대한 수요가 많을 것이기 때문이다. 다른 한편, 오프라인 점포를 찾기 어려운 곳은, 수요가 적은 것을 반영하여 사회적, 경제적으로 어려운 환경에 놓인 사람들이 사는 지역일 확률이 높다. 결과적으로, 전문직 종사자가 많이 거주하는 지역은 근처에 오프라인 점포도 많을뿐더러 온라인상에서도 상대적으로 물건값이 저렴하게 나타난다. 반면에 사회경제적 취약계층이 사는 곳은 거주지 근처에서 오프라인 점포를 찾기도 어려운데다 온라인상에서도 더 비싼 가격에 물건을 주문해야 하는 상황에 직면하는 것이다.

이러한 현상은 인공지능 알고리즘의 활용도가 높아지면서 계속해서 나타날 가능성이 있다. 이는 개별 기업을 비난한다거나 도덕적 책임을 부과한다고 해서 해결될 수 있는 유형의 문제가 아니다. 다만 어떤 변화가 나타나고 있는지, 변화의 소용돌이 속에서 편리함과 불이익이 어떤 형태로 발현되어 각각의 사회구성원들에게 어떤 영향을 미치는지에 대해 지속적으로 관심을 가질 필요가 있다.

백인 남성만 잘 알아보는 인공지능이라니

이제 근래에 좀 더 활용도가 높아진 기술에 대해 살펴보자. 안면인식 기술이다. 이 기술은 우리나라에서도 몇몇 목적으로 활용되고 있지만, 사회 전반적으로는 아직 용도가 제한적인 편이다. 미국과 유럽에서는 안면인식 기술의 활용도가 높아지면서, 관련된 논란 또한 본격적으로 나타나는 중이다. 안면인식은 기본적으로 데이터베이스에 저장된 이미지와 새로이 확보된 이미지를 비교하여 동일인인지 확인하는 역할을 한다. 실무적으로는 흔히 '1대1 매칭one-to-one matching'과 '1대 다多 매칭one-to-many matching'으로 구분한다.

1대1 매칭'은 휴대폰의 잠금장치를 여는 것과 같이, 저장된 이미지와 새로이 입력된 이미지 사이의 유사성을 확인하여 검증하는 방식이다. 한편, 1대 다 매칭은 새로이 확보된 이미지와 데이터베이스 안의 여러 인물의 이미지를 비교하여 이 중 동일인을 찾을 수 있는지에 관한 것이다.

안면인식 기술에 관한 평가는 우선 이 기술을 통해 정확한 매칭이 가능한지 여부를 통해 이루어진다. 당연히 오류율이 높을수록 한계가 크다. 오류율은 통계적으로 두 가지 형태로 나타난다. 같은 사람에 대해 동일인임을 파악하지 못하는 오류, 그리고 반대로 서로 다른 사람인데 동일인이라고 파악하는 오류다. 전반적인 오류율에 못지않게 중요한 것은 인종이나 성별 등에 따라서 오류율이 달리 나타나는지 여부다. 외국에서는 안면인식 기술의 정확도 및 오류율에 대한 평가가 종종 이루어진다. 평가의 결과를 보면 인종별, 성별로 정확도와 오류율에 큰 차이가 나타남을 알 수 있다. 개별 알고리즘에 따라 성능에 차이가 있지만, 전반적으로는 흔히 백인 남성에 대해서는 정확도가 높은 편이지만 백인이 아니거나 여성인 경우에는 정확도가 떨어진다는 지적이 계속 나타나고 있다.

이처럼 정확도가 일관적이지 않은 기술이 본격적으로 도입된다면 어떤 부작용이 있을까? 미국에서는 안면인식 기술을 통해 엉뚱한 사람이 의심을 받고 체포되는 등의 부작용이 주기적으로 보고되고 있다. 오류가 발생하는 것 자체도 문제지만, 오류로 인해 잘못된 판단이 이루어진 대상은 대부분 흑인이어서 사회적으로는 더욱 큰 문제가 된다.

어쩌면 인종별로 정확도에 차이가 크게 나타나는 것은 시간이 좀 더 지나면서 개선이 이루어질 문제일 수도 있다. 인종별 정확도에 개선이 이루어지고 나면 인종보다 더 세밀한 구분이 문제가 될 수 있다. 현재 안면인식 기술이 가장 앞선 나라 중 하나는 중국이다. 중국의 기업들은 주로 중국인 이미지를 대상으로 학습 데이터를 구축하여 안면인식 기술을 구축할 것으로 보인다. 안면인식 기술에 대한 비교 평가를 해본 결과, 중국에서 개발된 안면인식 기술은 상대적으로 아시아인에 대해 정확도가 높다는 평가도 있다.

그러한 중국의 안면인식 기술이 국내에 도입된다면 어떤 결과가 나타날 것인가? 예를 들어, 한국, 일본, 중국의 동아시아 국가 사이에서도 얼굴 모습에 미묘한 차별적 특징이 있을 수 있는데, 중국에서 개발된 안면인식 기술은 중국인과 유사한 인상을 주는 사람들을 더 정확하게 파악하는 한편, 한국인과 일본인에 대해서는 오류율이 상대적으로 높은 결과를 보일 가능성도 있다.

AI가 동성애자를 구별하게 된다면

안면인식 기술은 이미지 매칭을 통해 동일인임을 파악하는 용도 이외의 다른 용도로 쓰일 수도 있다. 안면인식 기술을 응용하여 얼굴 모습만으로도 그 사람이 가진 특징의 일부를 파악하는 것이 가능할 수도 있음을 보여주는 연구가 종종 발표되고 있다. 그런 연구 중 사회적 관심과 논란을 불러일으킨 것 하나로 개인의 얼굴 이미지로부터 특징을 인식하여 해당 개인에게 동성애 경향이 있는지 파악하는 것이 가능하다는 연구가 있다.[9] 이 연구는 데이팅 사이트에 올린 프로필 사진을 분석하여 진행한 것인데, 프로필 사진을 분석하는 것만으로 일정 수준의 정확성을 갖고 동성애 경향을 파악할 수 있다는 주장을 하여 논란을 일으켰다.

만약 이런 유형의 기술이 고도화되고 상용화된다면 우리 사회에 어떤 일이 벌어질 수 있을까? 예를 들어, 동성애 경향의 지원자가 채용되는 것을 꺼리는 기업이 있다고 하

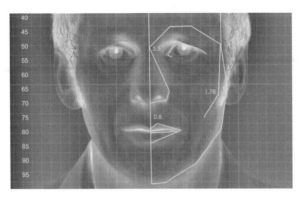

동성애자를 구별하는 인공지능 기술 예시

자. 이런 기업에서는 채용 절차를 진행하는 과정에서 오히려 이 기술을 적극 활용하여 지원자 중에서 동성애 경향의 지원자가 있는지 확인하고자 하는 노력을 기울일 수 있고, 그 경우에 동성애 차별 문제가 사회적 문제로 대두될 가능성이 있다. 또한 이 기술이 가진 오류의 가능성 때문에 추가적인 문제가 나타날 수 있다. 실제로 동성애자가 아닌 사람을 동성애자로 취급해서 또 다른 형태의 차별 논란이 나타날 수도 있는 것이다.

이 부분에서 다룰 마지막 기술은 인공지능 스피커다. 경험 삼아 인공지능 스피커를 이용해본 사람은 적지 않을 것이다. 그런데 그중에서 인공지능 스피커를 지속적으로 이용하는 사람의 비율은 그리 높지 않을 것으로 짐작한다. 이용하다가 별 재미를 못 느끼고 사용을 멈춘 이용자가 적지 않을 텐데, 재미를 못 느끼는 가장 큰 이유는 인공지능 스피커의 도움을 받아서 실제로 해낼 수 있는 작업이 많지 않기 때문이다. 인공지능 스피커는 일반적으로 사람이 목소리를 내어 질문 또는 요청을 하고, 그에 대해 인공지능 스피커가 응답을 하는 방식으로 작동한다. 그런데 거기서 더 나아가 대화가 이어지도록 한다든가 복잡한 뉘앙스를 알아듣도록 한다면 활용도가 크게 늘어날 수 있을 텐데, 아직까지는 그 단계에 미치지 못하고 있다.

실제로 조사해보면, 인공지능 스피커를 이용하는 가장 일반적인 용도는 음악을 듣는 것이다. 다음으로는 날씨나 교통 상황을 물어보는 용도가 있고, 그 이외에 뉴스를 묻거나 사소한 역사적 사실관계나 퀴즈 같은 것을 물어보는 정도의 용도가 있을 뿐, 아직까지 그다지 다양한 용도로 쓰이고 있지는 않다.

인공지능 스피커의 활용도가 제한적인 이유는 기술적인 것도 있지만 이용자의 태도와 관계된 것도 있다. 활용도가 지금보다 커지려면 무엇보다 대화 자체가 일방통행이 아닌 쌍방의 소통이 되어야 한다. 그런데 소통이 가능하기 위해서는 인공지능 스피커가 개별 이용자에 관한 속성을 많이 파악하고, 그에 기초하여 맞춤형 응답과 소통을 하는 것이 가능해야 한다. 한편 인공지능 스피커가 이용자에 대해 많은 것을 알기 시작하면 이용자들은 편리함을 느끼지만, 그와 동시에 불안감을 호소할 가능성이 높다.

예를 들어 일상생활에서 인공지능 스피커의 활용도가 커진다면, 주인이 문을 열고 집에 들어오는 순간부터 이용자의 선호나 특징을 감안해서 음악을 바로 틀어준다거나 TV를 켜줄 것이다. 음악도 이용자의 선호와 무드를 반영하여 선곡을 할 수 있고, TV 채널이나 프로그램의 선택 또한 마찬가지다. 이와 함께, 이용자의 일반적인 동선을 고려하여 안방이 아닌 부엌의 불을 우선 켜준다든가 하는 사소한 여러 가지 배려를 하며 도움을 주는 역할을 할 수 있다. 물론 스피커를 통한 응답도 이용자의 성향을 고려한 응답이 제공될 것이다. 그런데 이렇듯 개인화된 서비스를 하기 위해서는 인공지능 스피커가 개인에 대해 많은 것을 파악해야만 한다. 한편 인공지능 스피커가 자신에 대해 지나치게 잘 알고 있다는 데서 이용자는 새로운 불안을 느낄 수 있다. 그러한 불안의 가능성을 고려하면 인공지능 스피커를 개발하는 입장에서도 성능 고도화를 진행함에 있어 조심스러울 수밖에 없다. 결국 여기에서도 개인의 프라이버시에 관한 사회적 고민이 중요한 이슈로 떠오를 수밖에 없다.

지금까지 살펴본 대로 현재 꽤 많은 영역에서 인공지능 기능들이 적극 활용되고 있으며, 다양한 기능이 일상생활에 상당한 도움을 주고 있다. 앞으로 더 많은 일상의 영역에서 인공지능의 활용도가 커질 것이다. 하지만 이로 인한 여러 형태의 불안감과 의문, 의혹이 있는 것도 사실이다. 앞으로 인공지능이 보다 널리 활용되기 위해서는 사용자가 느끼는 불안을 해소해가는 것은 물론, 인공지능 기술 자체에 대한 신뢰도를 높여갈 필요가 있다.

데이터를 활용한
개인신용조회

인공지능 시대의 개인신용평가

인공지능 기술이 본격화되기 전부터 데이터를 이용하여 분석하고 패턴을 찾아내는 작업은 여러 영역에서 시도되었다. 그중에서도 데이터의 활용이 이미 일상화된 영역 중 하나는 신용평가 영역이다. 개인에 관한 신용평가를 좀 더 정확하게는 신용조회credit reporting라고 표현하는데, 개인에 관한 데이터를 수집하여 신용도를 평가하는 방식은 이미 20세기 중반부터 개발되어온 것이다. 그 이후로 지속적으로 평가기법의 고도화가 이루어져왔고, 인공지능 시대가 되면서 새로운 기법을 이용한 새로운 시도가 나타나고 있다. 전 세계 여러 나라에서 진행되어온 개인신용조회 메커

2부 | 인공지능, 어디까지 왔나   115

니즘은 추상화해서 보면 개략적으로는 비슷한 구조를 보인다.

다음 도식은 개인신용조회의 얼개를 보여주는 것이다.[10] 왼쪽에 보이는 것이 은행과 신용카드회사를 포함한 금융기관들로, 신용평가에 필요한 원천 데이터를 제공하는 역할을 하는 곳들이다. 여기에는 통신사 등 금융기관 아닌 곳이 일부 포함되기도 한다. 신용조회 회사는 여러 곳으로부터 다양한 원천 데이터를 수집하게 된다. 그림의 중간에 표시된 것이 신용조회회사의 역할이다. 신용조회회사는 데이터를 수집한 뒤 다양한 분석을 한다. 분석의 결과로 신용평가를 하고 구체적인 등급이나 점수를 부여하게 된다.

신용등급이나 신용평점과 같은 신용평가의 결과물은 다시 금융기관으로 돌아가서 금융기관의 의사결정에 반영된다. 애초에 금융기관으로부터 신용조회회사로 전달되는 데이터는 원시 데이터raw data 또는 아직 분석이 이루어지지 않은 원천 데이터다. 한편 신용조회 회사로부터 금융기관으로 제공되는 데이터는 분석의 결과물로서의 데이터다. 개인에 관한 신용평가의 내용이 담긴 신용보고서가 대표적이고 그 이외에도 다양한 형태의 분석 결과가 제공될 수

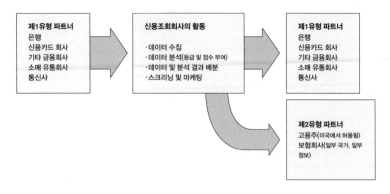

제1유형 파트너	신용조회회사의 활동	제1유형 파트너
은행 신용카드 회사 기타 금융회사 소매 유통회사 통신사	·데이터 수집 ·데이터 분석(등급 및 점수 부여) ·데이터 및 분석 결과 배분 ·스크리닝 및 마케팅	은행 신용카드 회사 기타 금융회사 소매 유통회사 통신사

제2유형 파트너
고용주(미국에서 허용됨)
보험회사(일부 국가, 일부 정보)

개인신용조회의 일반적 구조

있다.

위 도식의 오른쪽 아래에는 '제2유형 파트너'가 표시되어 있는데, 개인신용평가의 결과가 금융기관이 아닌 곳 또는 당초에 원천 데이터를 제공한 곳이 아닌 곳으로 가는 경우도 있다. 예를 들어, 우리나라에는 해당되지 않지만, 미국에서는 회사의 취업 선발 과정에서 고용주가 지원자의 개인신용보고서를 찾아보는 것이 허용된다.

우리는 어떤 과정으로 개인신용평점을 받게 되는가

실제로 개인신용조회가 진행되는 세부적인 과정이나 메커

니즘은 나라에 따라 많은 차이가 있다. 미국은 민간의 주요 신용조회 회사들이 핵심적인 역할을 하는 구조라면, 유럽은 공공의 역할이 좀 더 강조되는 구조라 할 수 있다. 우리나라는 미국이나 유럽에서 볼 수 있는 구조와는 다른 구조를 통해 개인신용조회가 이루어진다.

우리나라의 경우 한국신용정보원이 신용정보 집중기관으로서의 역할을 한다. 하지만 실제로 분석하고 개인신용평점을 부여하는 작업은 민간의 신용조회 회사들을 통해서 진행된다. 신용조회 회사들은 한국신용정보원으로부터 신용정보를 제공받아서, 그리고 제3의 경로를 통해 추가적으로 정보를 확보하여 개인신용평가를 하게 된다.

개별 개인신용평점은 구체적으로 어떻게 부여되는지 보자. 신용조회 회사들은 일반적으로 다양한 개별 신용정보 항목들을 몇 가지의 그룹으로 묶어 점수를 부여한 뒤, 각각의 그룹에 부여된 점수에 가중치를 두어 가중평균을 통해 하나의 점수를 도출하는 방식으로 개인신용평점을 부여한다. 다음 표는 실제로 4가지 유형으로 정보를 구분하는 실무 사례를 보여주는 것이다.[11] 개인의 신용도에 반영되는 신용정보를 상환이력정보, 부채수준 정보, 신

평가 요소	평가 요소의 상세 내용	활용 비중
상환이력	현재 연체 및 과거 채무상환이력	30.6%
부채수준	채무부담정보(대출 및 보증채무 등)	26.4%
신용거래기간	신용거래기간(최초/최근 개설로부터 기간)	13.3%
신용형태	신용거래패턴(체크/신용카드 이용 정보)	29.7%
계		100.0%

개인신용평점

용거래기간 정보, 신용형태 정보, 이렇게 4가지로 분류한 뒤, 각각에 대해 평가를 한다. 이 중에서 상환이력 정보에 30퍼센트 정도의 비중을 두고, 부채수준 정보에 대해서는 26퍼센트, 신용거래기간 정보는 13퍼센트, 신용형태 정보는 30퍼센트로 해서 각기 가중치를 달리 부여해 전체 점수를 계산하게 된다.

각각의 카테고리 하에는 다양한 개별 항목이 포함된다. 예를 들어, 상환이력정보라는 카테고리에는 장기 연체가 발생했는지 여부, 단기 연체가 발생했는지 여부, 연체가 해제되었는지 여부가 개별 항목으로 포함된다. 연체가 발생하면 평가에 있어 부정적인 요소로 작동하고, 연체가 해제

되면 긍정적인 요소로 작동한다. 이처럼 각각의 카테고리 안에 다양한 개별 항목이 포함되어 항목별 변화에 따라 신용도 평가에 있어 긍정적 영향과 부정적 영향이 나타나는 얼개를 갖게 된다.

이와 같은 구조로 개인의 신용 요소를 평가한 이후에 개인신용보고서가 만들어진다. 이들 신용보고서는 평가 과정에 고려된 다양한 요소들에 관한 설명이 있고, 맨 끝에 결론적으로 고객의 신용평점이 몇 점인지를 알려준다.

그런데 이와 같은 평가방식은 다양한 평가 요소를 고려하는 것이긴 하지만 인공지능 기술이 직접적으로 활용되는 방식은 아니다. 최근에는 머신러닝 기법을 도입하여 신용평가를 하기 위한 시도가 나타나고 있다. 더욱 풍부한 데이터를 이용하고 새로운 머신러닝 기법을 활용하여 분석모형의 고도화를 시도하는 것이다. 다만 아직까지 머신러닝 기법의 도입은 상당히 초기 단계에 머물고 있다. 모형의 고도화나 안정화를 위한 노력이 더 필요한 면이 있을뿐더러, 모형의 작동방식이나 분석 결과에 대해 고객에게 어떻게 구체적으로 설명할 것인지에 대해서도 많은 논의가 필요한 상황이다. 특히 신용평점 부여의 결과에 관해서, 기존의 신용평가 모형은 금융소비자 입장에서 직관적으로 어렵지 않게 이해할 수 있는 면이 적지 않은 한편, 머신러닝을 이용한 모형은 소비자의 이해도를 고려한 설명이 쉽지 않을 수 있다는 한계가 있다.

전통적 신용정보 vs 비금융 신용정보

전통적으로 신용정보는 은행을 통한 대출이나 카드 거래와 같이 주로 금융 영역 안에서 발생한 데이터를 말하는 것으로 인식되어왔다. 그리고 이에 기초하여 신용평가가 진행되어왔다. 그런데 빅데이터 인공지능 시대가 도래하면서 금융 영역 밖의 비금융 정보가 신용평가를 위해 유용하게 활용될 수 있다는 것이 새롭게 밝혀지고 있다.

빅데이터 시대가 궤도에 오른 최근 몇 년간이 아니더라도, 그전부터 금융 영역 이외의 영역에서 데이터를 확보하여 신용평가에 활용하는 것은 새로운 것이 아니었다. 나라에 따라서는 통신요금, 부동산 임대료, 전기요금 등 다양한 요소를 반영하는 것이 허용되기도 한다. 최근에는 이로부터 한 걸음 더 나아가, 전자상거래 업체 이용 내역, 인터넷 이용 내역, 소셜미디어 이용 내역과 같은 유형의 새로운 행태 정보behavioral data를 수집한 뒤 이를 반영하여 신용평가 모형을 구축하기 위한 시도가 이루어지기도 한다. 개별 상황에 따라서는 이러한 정보를 포함하는 것이 더 정확한 평가를 가능하게 해줄 것이라는 기대가 이러한 시도의 배경에 있다.

이러한 새로운 시도가 유용하게 활용될 수 있는 사례로, 주재원 파견이나 이민 등의 이유로 새로운 나라에 정착하여 경제활동을 영위하게 된 금융소비자를 생각해볼 수 있다. 그런 경우라면 신용카드 발급 신청을 하더라도 거절당하기 쉽다. 해당 국가에서의 신용 이력이 아예 없거나 설사 있더라도 매우 간헐적으로만 존재할 것이기 때문이다. 이때 아마존 같은 전자상거래 업체가 도움이 될 수 있다. 아마존을 통해 구매한 내역이 있다면 해당 구매 내역을 분석하여 신용도 평가를 하는 것이 가능할 수 있기 때문이다.

이 사례는 필자가 실제로 겪은 것을 간단히 설명한 것이다. 필자는 몇 년 전 미국 체류의 과정에서 몇몇 신용카드 회사로부터 신용카드 발급을 거절당하다가, 아마존을 통해서 1분도 걸리지 않는 짧은 시간에 신용카드 승인을 받은 경험이 있다. 카드 신청의 과정은 아마존을 통해 진행되었지만 신용카드의 발급 자체는 신용카드 회사를 통해 이루어진 것이었다. 신용카드 승인을 받고 나서 생각해보니 어지간한 금융기관이나 신용조회 회사보다 아마존이 필자의 신용도를 평가하기에 도움이 될 만한 훨씬 더 풍부한 정보를 가지고 있음을 깨달았다. 필자는 오랜 기간 아마존을 통해서 책을 구매해왔는데, 구매 이력이나 배송지 주소를 포함한 여러 정보를 이용하여 직업, 교육 수준, 소득 수준 등에 관해 상당히 높은 정확도를 가진 분석 모형을 구축하는 것이 가능할 것이고, 이런 유형의 정보를 기초로 신용도 평가모형을 구축하는 것 또한 어렵지 않았을 것이다. 이에 비해, 신용조회 회사들에는 필자의 미국 내 금융거래 이력이 매우 제한적으로만 존재하는 상황이었다(관련 데이터가 적은 사람을 'thin-filer'라고 부른다). 이렇듯 기존의 신용평가 모형으로는 신용카드 발급이 쉽지 않은 상황에서, 아마존의 평가모형을 통해서 새로운 평가가 이루어지고 신용카드 발급이 가능하게 된 것이다. 이것이 빅데이터 인공지능 시대가 가져온 새로운 변화 중 하나라고 할 수 있다.

다른 한편, 새로운 유형의 비금융 신용정보를 이용하는 것에 대해서는 논란의 가능성도 적지 않다. 비금융 신용정보에는 매우 광범위한 정보 유형이 포함될 수 있는데, 그중 어떤 정보가 어떻게 이용될 수 있는지에 따라 논란의 구체적인 내용도 달라질 수 있다. 그런 맥락에서 생각해볼 수 있는 한 가지 사례를 보자.

2019년에 애플이 신용카드를 출시했다. 신용카드 자체는 금융회사인 골드만삭스에서 발급한 것이고, 애플은 골드만삭스와 제휴하여 서비스를 제공하는 구조다. 애플 신용카드가 발급되기 시작한 초기에 한 부부가 동시에 애플 카드를 발급받았다. 그런데 아내에게 발급된 카드에 비해 남편에게 훨씬 좋은 조건의 카드가 발급되어 문제가 되었다. 특히 남편은 아내에 비해 신용한도가 20배나 더 많았다. 세금도 같이 내고 같은 집에 살면서 오랜 기간 동안 경제생활을 함께 해온 이들 부부 사이에 20배나 되는 신용한도 차이가 나타났다는 것에 대해 남편이 SNS를 통해 문제 제기를 했다. 성차별이 있는 것 아닌가 하는 문제 제기를 한 것이다. 이에 대해, 실제 카드를 발급한 골드만삭스 쪽에서는 "우리는 신용카드 발급을 위한 의사결정의 과정에서 성별, 인종, 나이, 성적 지향 등을 고려하지 않는다"라며 공개적 대응을 했다. 신용한도에 커다란 차이가 나는 것도 사실이고 카드 발급의 과정에서 성별에 대한 명시적 고려가 없었다는 것도 사실이라면, 이 상황을 어떻게 이해해야 할 것인가? 가장 쉽게 생각할 수 있는 것은, 모형상 성별에 대한 직접적인 고려는 하지 않더라도 인공지능 기술이 성별을 추정할 수 있는 다른 변수proxy를 추출해내어 간접적으로 고려하는 메커니즘이다. 인공지능 모형을 구축함에 있어 어떤 변수를 고려해도 좋을지에 대한 판단은 점점 더 중요한 동시에 더욱 어려운 문제가 될 전망이다.

비금융 신용정보를 활용하는 중국의 사회적 신용 체계

다양한 정보를 활용하여 개인에 관하여 평가를 함으로써 금융 영역에서의 신용도 평가에 머무르지 않을 수 있다. 더 나아가 개인의 사회적 신뢰도를 총체적으로 평가하는 것도 생각해볼 수 있다. 이런 맥락에서 떠올릴 수 있는 것은 중국에서 개발된 사회적 신용 체계social credit system 방식이다.

중국의 사회적 신용 체계상 평점이 부여되는 방식은 개별 시스템마다 다르지만, 개략적으로는 유사한 방식으로 점수를 부여한다. 개개인에게 일종의 기본 점수를 부여한 다음, 긍정적인 이벤트가 생기면 가산점을 부여하고 부정적인 이벤트가 생기면 감점을 하는 식의 간단한 방식이다. 예를 들어, 누군가가 노약자를 도와주는 선행을 한 것이 밝혀지면 점수가 높아지고, 무단횡단을 했거나 공중도덕을 어기는 행위를 한 것이 밝혀지면 감점이 되는 방식이다.

중국의 사회적 신용 체계에 대해서는 긍정적인 시각과 비판적인 시각이 공존한다. 가장 기본적인 긍정적 측면은, 금융거래내역을 포함하여 기존에 '제도권' 기록 자체가 없던 수많은 시민에게 새로운 기회를 제공한다는 것이다. 즉 기존에 제도권 영역에서의 금융 거래가 없었던 사람들no filer 또는 거래가 있긴 했지만 간헐적으로만 있어서 판단이 어려운 사람들thin filer에게는 사회적 신용 점수가 매우 유용한 개인신용평점으로 기능을 할 수 있다. 이를 통해 새로운 금융 활동의 기회가 열릴 수 있고, 또한 금융 이외의 영역에서도 새로운 기회가 나타날 수 있는 것이다.

다른 한편, 이 방식은 시민의 일상생활에 대한 감시장치로서 기능하는 것 아닌가 하는 의심의 시각이 계속 나타나고 있다. 그리고 이 방식은 개인의 친지 등 주변에 있는 사람들을 함께 고려하여 점수에 반영하는 방식이어서, 그로 인한 논란도 있다. 주변에 모범시민이 많으면 덩달아 점수가 좋아지는 반면, 주변에 사회적 평판이 좋지 않은 사람이 많다면 그로 인해 점수에 부정적인 영향이 생기는 구조이기 때문이다.

공정성과 차별 방지는 어떻게 만들어지는가

다시 우리나라 신용평점으로 돌아와보자. 평가 항목 중에 신용조회 이력정보라는 것이 있다. 이는 개별 당사자들이 자신에 관한 신용평가가 어떤지를 확인한 것에 관한 것이다. 고객 스스로 얼마나 빈번하게 자신에 관한 신용정보를 직접 찾아보았는지를 평가에 반영할 수도 있는 것이다.

과거에는 신용조회 이력정보가 실제로 개인신용평가에 반영되기도 했다. 자신의 신용정보를 자주 찾아보면 평가에 부정적인 영향을 미치게 되는 시스템이었다. 통상 자신의 신용보고서에 대해 궁금해하고 반복적으로 확인하는 사람은 자신의 금융거래 상황에 대한 불안감이 있는 동시에 대출 등 금융 거래가 필요한 사람일 가능성이 크다. 예를 들어, 대출 신청을 위해 은행에 갔을 때 거절당하지 않을까 하는 불안감에 자신에 관한 정보를 자꾸 찾아보게 되는 것일 수 있기 때문이다. 분석상 의미가 있다면 이런 행위에 대해 신용평점 부여 과정에서 불이익을 주는 것은 통계적으로는 유의미한 것일 수 있다.

한편, 신용조회 이력정보가 점수에 반영된다고 할 때 발생할 수 있는 부작용도 있다. 자신의 신용보고서를 자주 확인하면 평점에 불이익이 발생할 테니, 가급적 찾아보지 말라는 메시지로 인식될 수 있는 것이 가장 큰 부작용이다. 이는 개인신용평가 시스템 전반에 대한 투명성 저하로 이어질 수 있고, 또한 오류가 있는 경우에도 이를 바로 잡기 어렵게 하는 결과를 초래할 수 있기 때문이다. 그로 인해 신용도의 통계적 분석을 위해서는 신용조회 이력정보를 반영하는 것이 정확한 결과의 도출에 도움이 될 수도 있지만, 금융소비자 및 사회 전반에 잘못된 메시지를 줄 가능성이 있는 것이다. 그런 가능성을 고려하여, 신용조회 이력정보는 더 이상 개인신용도 평가에 고려되지 않는다.

또한 통상적으로 학력은 개인신용평가에 반영되지 않는다. 그런데 예를 들어, 학력이 좋은 사람이 연체율이 낮은지에 관해 통계적으로 분석하는 분석 모델이 있을 수 있다. 학력과 함께 다른 요소를 함께 분석하면 더욱 풍부하고 의미 있는 결과가 나올 수도 있다. 앞에서 본 대학교 수강

이력과 취업 후 성과에 관한 가상의 사례와 같이, 일부 그룹에 있어서는 학력이 통계적으로 무의미한 지표가 되고 또 다른 그룹에 있어서는 유용한 상관관계를 보여주는 지표로 작동할 가능성도 있다. 하지만 이러한 가능성과 무관하게, 우리 사회에서 학력이 갖는 사회적 민감성을 고려할 때 학력이 평가 요소에 포함되는 것은 부적절하다는 취지의 정책적인 판단이 내려진 바 있다. 그래서 학력은 더 이상 평가 요소에 포함되지 않는다.

통계적인 측면에서만 보면, 일반적으로는 고려할 수 있는 데이터 항목이 많으면 많을수록 더 정확하고 풍부한 분석이 가능해진다. 하지만 사회규범의 맥락에서는 그중 일부 요소에 대해서는 통계적 유의성이나 유용성에도 불구하고 사회적 부작용의 가능성 때문에 제외하게 되는 경우가 있다. 이는 사회적, 정책적인 판단을 전제로 한 것이다. 그런 점에서, 풍부한 결과를 도출해낼 수 있는 고도의 데이터 분석 모형을 만드는 것과 사회적, 정책적 판단을 하는 것 사이에서 지속적인 논의와 고민을 할 필요가 있다.

결국 차별이라든가 공정성 개념을 논의할 때 고민하게 되는 것 중의 핵심 영역 하나는 어떤 데이터에 기초해서 판단할 것인가 하는 문제다. 학습 데이터나 입력값$^{input\ data}$을 어떤 식으로 규제할 것인가? 또는 학습 데이터나 입력값은 가급적 규제하지 않고 결과값$^{ouput\ data}$에 초점을 두는 규율을 할 것인가? 이것이 인공지능 시대에 차별, 공정성을 바라보는 핵심적 정책 변수가 되는 것이다.

채용에 있어 인공지능은 어디까지 활
용될 것인가?

인공지능 기술을 활용하여 채용과정에 응용하기
위한 노력은 지속적으로 이루어지고 있다. 인공
지능 기술은 '분류' 유형의 문제를 잘 풀어내기 때
문에, 이를 채용 과정에 적용하는 것을 생각해 볼
수 있다. 이상적으로는 개별 기업의 인재상을 반
영한 학습 데이터를 구축하여 이로부터 인공지능
모형을 만든 뒤, 잠재적 취업후보자 개개인에 관
한 데이터를 입력값으로 하여 판단을 구하는 과정

을 설계할 수 있다.

　그런데 이런 과정은 현실에서는 아직까지 한계가 많다. 학습 데이터로 이용할만한 적절한 데이터 자체가 존재하지 않을 수도 있고, 존재하더라도 편향이 많아서 왜곡된 결과를 보일 가능성도 있다. 미국 아마존이 채용 인공지능 구축에 실패한 사례는 적절한 학습 데이터 확보의 어려움을 잘 보여주는 것이라 할 수 있다. 한편, 인공지능 알고리즘이 얼마나 정확하게 업무적합성을 예측할 수 있을지에 대한 논란이 발생하기도 한다. 특히 후보자의 얼굴 표정을 분석하는 것을 둘러싼 논란이 불거지면서, 미국의 주요 인공지능 채용 기업인 하이어뷰HireVue에서는 더 이상 얼굴 표정을 평가에 고려하지 않을 것이라고 발표하기도 했다.

추천 알고리즘은 이용자가 원할 법한 콘텐츠를 정확히 파악하고 추출하여 알려준다는 점에서 매우 유용한 기술이다. 흔히 말하는 '정보의 바다' 속에서 이용자에게 필요한 정보를 효과적으로 추출해내는 방법이 없다면, 정보가 많다는 것은 오히려 불편함을 야기하는 결과를 가져올 수도 있다.

한편, 추천 알고리즘이 가져올 수 있는 부작용의 가능성을 둘러싼 논란 또한 지속적으로 나타나고 있다. 추천 알고리즘에는 가장 기본적으로 콘텐츠 기반 필터링 그리고 협업 필터링 방식의 알고리즘이 이용되는데, 이런 방식의 알고리즘은 이용자의 선호나 기존 선택을 출발점으로 하여 유사성이나 통계적 상관관계가 높은 결과를 지속적으로 보여주는 경향이 있기 때문이다. 이로부터 매우 편향된, 또는 나아가 극단적인 결과에 지속적이고 반복적으로 노출되는 것이 아닌가 하는 우려가 제기되기도 한다.

국내의 개인신용평가 제도는 금융기관 사이에 여
신정보나 대출금연체 정보 등이 공유되고 집중되
면서 자리를 잡기 시작했다. 법적으로는 1995년
에 '신용정보의 이용 및 보호에 관한 법률'이 제정
된 것이 제도 정비의 중요한 계기가 되었다. 국내
의 법제도는 '신용정보집중기관'을 두어 개인신
용평가에 유용하게 쓰일 수 있는 정보를 집중적으
로 관리하도록 하는 한편, 개인신용평가를 실제
로 수행하고 신용평점을 부여하는 것은 민간의 신
용조회회사를 통해 진행되도록 하고 있다.

현재의 신용평점 부여방식은 평가항목별 점수
에 가중치를 적용하여 산정된 가중평균을 도출하
는 방식으로 작동한다. 통계적 방식인 셈이다. 인

공지능 기술을 본격적으로 적용한 신용평가 모형도 개발되고 있지만, 아직까지는 인공지능 신용평가 모형의 활용은 제한적이다. 인공지능 신용평가 모형의 활용이 제한적인 이유의 하나는 설명가능성과 관련이 있다. 기존의 통계적 신용평가 방식에 대해서는 금융소비자 개개인의 신용평점에 대해 어떻게 설명을 제공할지에 관하여 규정과 관행이 확립되어 있는 한편, 인공지능 신용평가 방식의 경우에는 금융소비자가 신용평점에 대해 문의할 경우 어떻게 설명할지에 대해 아직 논의의 초기단계이기 때문이다.

3부_____

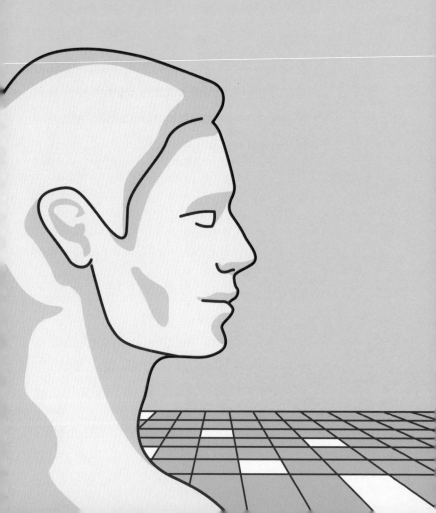

새로운
시대의 과제,
알고리즘

공정성과
차별금지

빅데이터 인공지능 시대를 맞아 공정성 문제와 차별 개념이 새로이 부각되었다. 알고리즘에 의한 차별과 공정성에 관한 논란이 나타난 것이다. 그런데 사람에 의한 차별과 인공지능에 의한 차별은 서로 매우 다른 메커니즘을 통해 발생한다. 인공지능에 의한 차별에 대해서는 학문적으로도 최근에서야 논의가 본격화되었다. 이를 기술만으로 극복할 수는 없다. 새로운 차별이 더욱 큰 문제로 나타나는 것을 방지하고, 인공지능이 유용한 것이 되도록 하기 위해서는 기술적 방안에 대한 논의와 동시에 사회적 논의가 더욱 더 활발해져야 할 것이다.

공정성은 곧 차별의 문제

공정성은 곧 차별의 문제

3부에서는 인공지능 알고리즘의 공정성과 차별 문제에 대해서 살펴보기로 한다. 그런데 공정성은 사실상 정의하기가 매우 어려운 개념이다. 아마도 100명의 사람에게 공정성의 개념이 무엇인지에 관해 질문을 한다면 1000개의 대답이 나올지도 모른다! 저마다 공정성에 대해 생각하는 바도 다르고 또한 개개인이 하나의 용어를 두고도 여러 가지 개념을 염두에 두고 있을 가능성도 있기 때문이다. 그래서 인공지능이 공정해야 한다는 이야기를 흔히 하지만, 실제 인공지능 맥락에서 공정성이 무엇을 의미하는지를 밝히는 일은 쉽지 않다.

지금까지의 논의를 보면, 인공지능과 관련된 공정성은 현실적으로는 주로 차별 금지를 의미하는 것으로 받아들여진다. 이는 인공지능의 기능을 고려하면 당연한 관심이기도 하다. 앞서 인공지능의 작동방식에서 살펴봤듯이 인공지능의 제일 일반적이고 중요한 용도는 데이터를 분류해내는 것이다. 이때의 분류classification는, 예를 들어 다양한 특징을 보이는 데이터가 있을 때 이를 몇 개의 그룹으로 나누어 판단하는 것을 의미한다. 그리고 이같은 분류는 그룹별로 차등적 결과가 나타날 수 있음을 암시하는 것이기도 하다. 요컨대 인공지능은 그룹화를 통한 분석과 의사결정에 특히 강점을 가진 기술인 것이고, 이는 사회적인 맥락에서는 차별에 관한 논란으로 쉽게 확대될 수 있는 것이다. 그런 면에서 인공지능의 공정성을 살피기 위해서는 차별의 개념에서 접근하는 것이 유용하다.

공정성과 마찬가지로 차별의 개념 또한 상당히 다양한 의미로 해석될 수 있다. 하지만 차별은 공정성에 비해서는 체계화가 덜 복잡하다. 우선 법적 개념 구분으로 보면 차별은 직접 차별과 간접 차별로 구분할 수 있다. 외국에서는 이런 구분을 반영하여 법제도가 마련되어 있기도 하다. 차별에 관하여 좀 더 일찍 사회적 고민을 한 미국이나 유럽에는 차별과 관련된 좀 더 본격적인 법제도가 존재하는 반면, 우리나라에는 차별과 관련된 법제도가 몇몇 법을 통해 단편적으로 도입되어 있는 상황이다.

선호와 통계를 이유로 한 '직접 차별'

직접 차별은 영어로는 'direct discrimination' 또는 'disparate treatment'라고 한다. 유럽에서는 direct discrimination이라는 표현이 주로 쓰이고, 미국에서는 disparate treatment라는 말이 주로 쓰인다. 미국과 유럽에서 서로 다른 법제도가 발전했지만, 개괄적으로는 유사한 개념이다.

직접 차별은 말 그대로 직접적으로 차별을 하는 것을 일컫는 것이다. 예를 들어, 회사에서 채용을 하는 과정에서 '여성은 채용 불가' 또는 '성소수자 채용 불가'라고 명시적으로 방침을 마련하여 실행하는 것이다. 이처럼 단지 여성이라는 이유나 성소수자라는 이유로 취업에서 배제하거나 불이익을 겪게 하는 것이 직접 차별이다. 특정 그룹에 속하거나 특정 속성을 보이기 '때문에because of' 불이익이 부여되는 상황을 말한다. 사회적인 맥락에서 볼 때 성별, 종교, 인종 등의 속성값에 따라 불이익이 생긴다고 하면, 이는 차별이라고 보는 것이다.

이와 같은 직접 차별은 선호에 기초한 차별taste-based discrimination과 통계적 차별statistical discrimination로 추가적 구분을 하기도 한다. 고용의 맥락에서 선호에 기초한 차별이 어떻게 나타날 수 있는지 생각해보자. 예를 들어, 특정 고용주가 별도의 합리적 이유 없이 여성과 일하는 것보다 남성과 일하는 것을 선호한다고 하자. 그래서 결과적으로 남성 위주의 고용 형태가 발생한다면 이것은 선호에 기초한 차별이 된다.

통계에 기초한 차별은 통계치를 근거로 삼아 행하는 차별이다. 예를 들어, 회사에서 10년 이상의 경험을 쌓은 직원들 중에서 자발적으로 사표를 내고 나간 경력직들을 살펴보니 남성보다 여성의 비율이 현저히 높다는 통계가 있다고 가정할 때, 이러한 통계를 근거로 하여 여성 직원이 회사에 대한 충성도가 낮다고 보고 애초에 직원을 구할 때 여성은 덜 뽑는 게 낫겠다고 판단하는 것이다.

이와 같이 선호에 기초한 차별과 통계에 기초한 차별은 개념적으로는 구분되는 것이지만 실제 상황에서는 구분이 어려울 수 있다. 종종 나타날 수 있는 것은, 단편적이거나 편향된 경험을 객관적 통계로 인식하고, 이로부터 선호에 기초한 차별을 하는 것이다. 그러한 경우에, 선호에 기초한 차별일지라도 자신의 정당한 경험치나 통계에 기초해서 판단한 것이라고 합리화할 수 있다. 물론 통계에 기초한 차별이라고 해서 항상 객관적이거나 정당화되는 것도 아니다. 앞에서 10년 이상의 경험을 쌓은 직원의 '자발적' 이직을 언급했는데, 설사 통계적으로 여성의 이직율이 높다고 하더라도, 그러한 이직이 나타나게 되는 업무 환경이나 사회구조 등 개별 기업 차원에서 파악하거나 대처할 할 수 있는 수준을 뛰어넘는 사회적, 구조적 이슈가 배경에 있을 수 있기 때문이다.

직접 차별의 예시로 성별에 따른 고용 차별을 언급했지만, 사실 고용주 입장에서는 이를 차별이 아니라고 생각하는 경우도 충분히 있을 수 있다. 직접 차별에 대해 차별을 하는 당사자가 스스로 인식하지 못하는 경우도 있을 수 있고, 인식은 하더라도 그에 대해 인정하지 않는 태도를 보이는 경우도 있을 수 있다. 이처럼 차별에 대해 인식하고 이를 밝혀내는 것은 실제의 개별 상황에서는 쉽지 않을 수 있다. 직접 차별과 관련하여 더욱 어려운 것은 어떤 사항에 대해 차등적 판단을 하면 이를 부당한 차별로 볼 것인지에 관해 기준이나 원칙을 결정하는 것이다. 앞에서 성소수자에 대한 채용 맥락에서의 차별을 예로 들었는데, 성소수자에 대한 차등적 판단을 부당한 직접 차별의 일종으로 볼 것인지에 대해 국내에서는 적지 않은 논란이 있을 수 있다.

차별의 기준이 애매한 '간접 차별'

간접 차별은 영어로 'indirect discrimination' 또는 'disparate impact'라고 한다. 유럽에서는 indirect discrimination이라는 표현이 주로 쓰이고 미국에서는 disparate impact라는 표현이 주로 쓰인다. 직접 차별의 경우와 마찬가지로, 미국과 유럽에서 각기 다른 법제가 마련되었지만 개략적으로는 유사하다.

데이터를 이용한 처리와 분석에 익숙한 독자라면 미국식 표현인 'impact'라는 단어가 조금 더 와 닿을 것이다. 직접 차별은 'disparate treatment'라고 했는데 여기서 'treatment'가 데이터를 사전적으로 어떤 식으로 처리할 것인지에 대한 논의라 해석할 수 있다면, 간접 차별과 관련된 'impact'는 사후적으로 데이터를 처리한 결과값이 어떤지를 살펴보는 것에 관한 논의다. 직관적으로 생각하면, 간접 차별은 외견상의 기준 내지 입력한 값 기준으로 보면 차별이라고 할 만한 요소가 명확하지 않는 경우를 주로 상정하게 된다. 즉 외견상 차별성이 없는 기준을 적용한 것으로 보이는데, 결과값을 보니 차별이 의심될 수밖에 없는 상황에 관한 것이다. 차별 의도가 있는지에 관해 확인하기는 어렵지만, 결과적으로 특정 그룹에 속하는 구성원에게 부당한 불이익이 발생하는 경우를 생각하면 된다.

인공지능 맥락에서 볼 때 간접 차별은 입력값보다 결과값에 초점을 맞추어 살펴보게 된다. 직접 차별에 관해서 볼 때에는 입력값에 차별적 속성, 예컨대 종교나 성별 등이 포함되었는지 검토하겠지만, 간접 차별의 경우에는 입력값에 차별적 속성이 들어가지 않았음에도 결과적으로 차별적 결과가 나타난 것인지 검토하게 된다. 고용 알고리즘에서 입력값에 성별을 넣지 않았음에도 결과적으로 합리적인 이유 없이 남성 위주의 고용이 이루어졌는지 살펴보는 식이다.

간접 차별은 직접 차별보다 그 판별이 더 어려운 경우가 많다. 그리고 차별이 의심되는 상황에서 이를 진정한 차별이라고 볼 수 있는지에 대해서도 논란의 가능성이 있다. 일관성 있는 판단 기준이나 그런 기준이 되는 값^{threshold value}을 설정하는 것 자체가 쉽지 않을 수 있기 때문이다. 또한 문제로 판단되는 상황에 대해 적절한 '해결책'을 제시하는 것도 어려울 수 있다.

예를 들어보자. 만약 한 회사에서 신입사원을 뽑는데 지원자의 남녀비율이 대략 비슷했다고 하자. 신입사원 전형의 결과 실제 합격자 중 여성의 비율이 현저하게 낮았다면 성별에 기초한 간접 차별을 의심할 수 있다. 그런데 여성 신입사원의 비율이 '현저하게' 낮다는 것이 무엇을 의미하는가? 여성의 비율의 30퍼센트 이하라면 현저하다고 볼 것인가? 아니면 20퍼센트? 어떻게 기준을 정하더라도 작위적이라는 논란이 발생할 가능성이 있다. 또한 개별 직업의 특징에 따라 그 기준이 달라질 수 있다. 더 나아가, 잠재적 지원자군이 형성되는 배경이나 교육과정에 관한 고려가 필요할 수도 있다. 이런 논란의 가능성 때문에, 차별이 의심되는 결과가 나타나더라도 이 결과가 진짜 차별인지 아닌지를 판단하는 것은 쉽지 않을 수 있다. 그리고 차별이 있다고 판단되는 상황에서 이를 '해결'하는 것에도 논란이 생길 수 있다. 만일 여성의 비율이 20퍼센트 미만인 경우에 차별인 것으로 판정된다고 할 때, 여성의 비율을 25퍼센트로 늘리면 차별이 아니라고 할 수 있을 것인가? 이런 질문에 대해 누구도 단정적으로 답을 정하여 제시하기는 어렵다. 이처럼 차별의 기준점을 정하는 일, 더 일반적으로는 데이터 처리의 맥락에서 규범적 판단이 동시에 요구될 때 이런 판단을 하는 것은 매우 어려운 일이 아닐 수 없다.

직접 차별, 간접 차별의 한계

논의를 정리해보자. 차별 개념은 개념적으로 직접 차별과 간접 차별로 구분할 수 있다. 데이터나 인공지능 맥락에서 직접 차별은 유사한 속성attribute을 보이는 사람들을 유사하게 취급하고, 다른 속성을 지닌 사람들은 다르게 취급하는 것으로 재해석할 수도 있다. 그렇게 하는 것이 부당하다는 인식이 이루어지면 공정성 확보를 위해 입력값을 규제하는 방식으로 해결책을 모색하기 쉽다. 반면에 간접 차별의 경우는 일부 속성이 다르게 나타나더라도 일정 유형의 정보에 대해서는 이를 무시하고 서로 다른 특징을 보이는 통계학적 그룹을 동일한 그룹인 것처럼 취급할 가능성을 열어둔다. 그 결과, 간접 차별은 직접 차별과는 달리 결과값을 규제하는 방향으로 논의가 이루어지게 된다. 결과값을 봤을 때 문제가 있는 것으로 평가되면 그로부터 입력값이나 알고리즘을 보정하여 문제를 해결하는 일종의 되새김 내지 피드백 과정을 거치는 것이다.

직접 차별과 간접 차별 모두 '그래서 문제를 어떻게 해결할 것인가?'라는 질문을 던지면 현실적인 어려움이 곧바로 보이기 시작한다. 입력값을 직접적으로 통제하는 방식을 생각해보면, 모델에 포함하여 분석대상이 될 수 있는 데이터가 전반적으로 줄어들면서 분석 결과의 정확도와 신뢰도가 낮아질 수밖에 없다. 다양한 내용이 담긴 데이터를 이용하여 풍부하고 정확한 결과를 얻는 것이 가능할 법한 상황에서, 데이터를 포기해야 하는 상황이 벌어지는 것이다. 세밀한granular 내용이 담긴 데이터를 뭉뚱그려 일반적인 통계치 제시에 그치도록 하는 한계가 나타날 수도 있다. 더나아가, 모델에 반영된 몇 가지 변수에 대한 필요 이상의 가치부여나 그에 기초한 과도한 일반화가 이루어지면서 결과값 해석에 왜곡이 나타날 수도 있다.

2부에서 논란이 발생할 수 있는 여러 사례를 살펴보았다. 그런데 그런 사례들에서 논란이 발생할 때마다 논란의 대상이 되는 잠재적 입력값들을 하나씩 제거하다 보면 결과적으로는 매우 일반적이고 추상적인 분석 이외에는 가능하지 않다는 불만이 등장할 수 있다. 통계적으로 유의미한 데이터를 아예 모델 설정 단계에서부터 제외하기 시작하면 이를 통해 개발되는 인공지능은 매우 성능이 낮은 것이 될 수밖에 없고 실제로는 쓸모없는 것이 될 수도 있다.

다른 한편, 간접 차별은 결과값을 규제하는 방향으로 가는데, 이 경우 어떤 결과값에 대해 '문제' 상황인 것으로 판단할지, 그리고 그 경우 문제의 '해결책'을 어떻게 찾을지에 대한 어려움이 있다. 앞에서 본 것과 같이, 간접 차별은 A와 B라는 두 그룹 사이의 결과값 격차가 심하게 나타나는 것을 전제로 하는데, 그렇다면 이들 두 그룹 간의 비교를 어떤 기준으로 할 것인가? 이처럼 기준값을 정하는 것에서부터 어려움이 있고, 그로부터 '더 이상 문제가 아닌 것으로 볼 수 있는 차이는 얼마만큼의 차이인가?'와 같은 질문을 두고 계속해서 논란이 생길 가능성이 있는 것이다.

앞에서 본 차별에 관한 논의는 인공지능 시대가 오기 전부
터 있었던 개념을 빅데이터 또는 인공지능 맥락에서 다시
생각해본 것이다. 그렇다면 인공지능에 의한 차별과 사람
에 의한 차별은 어떻게 다른 것인가?

먼저 사람에 의한 차별을 생각해보자. 사람의 판단은 일
관적이지 않다. 외국의 연구 중에는 식사하기 전인지 식후
인지에 따라 사람의 판단이 통계적으로 달라지는 것을 보
여주는 연구도 있고, 대학교 입학 서류전형 과정에서 좋은
평가가 여러 명 연속으로 나타나면 좋지 않은 평가를 인위
적으로 만들어야 할 것 같은 심리적 압박을 평가자가 느끼
는 것을 보여주는 연구도 있다.

기업체에서 신입사원을 채용하는 경우나 인사고과를
통해 업무를 평가하는 경우에도 유사한 문제가 발생할 수
있다. 경우에 따라서는 오랜 경험과 팀워크를 통해 '이 사
람은 정말로 우수한 사람이다'라는 총체적인 평가를 하고
있더라도, 평가 서류에 제시된 성실성, 적극성, 책임감 등
의 추상적 항목에 맞춰서 작위적으로 점수를 부여하는 과
정에서 평가 기록에 왜곡이 발생하는 상황도 있을 수 있다.

직접적인 경험을 통해 다면적으로 사람을 평가하는 것과 정형화된 평가 항목을 통해 이를 반영하는 것 사이에는 격차가 나타날 수 있는 것이다.

그런 과정에서, 긍정적이건 부정적이건 사람의 평가는 속내가 정확히 평가에 반영되지 않을 가능성이 있다. 차별이나 편견이 의심되는 정황이 있더라도 내면의 심리나 의도에 대해 파악하기 어려울 수 있다. 열 길 물속은 알아도 한 길 사람 속은 모르는 것이다. 또한 겉으로 하는 이야기와 속내가 다른 경우도 있다. 이와 달리, 무의식적으로 또는 차별하지 않는다고 생각하면서 차별하는 경우도 있다. 더 나아가 누군가 "이것, 차별 아닙니까?"라고 지적할 수는 있을지라도 차별에 대해 입증하는 것은 매우 어려운 경우도 많다.

그런 점에서 보면, 인간에 의한 차별과 달리 인공지능에 의한 차별은 훨씬 더 투명한 경우가 많다. 사람의 차별과 비교하면 인공지능에 의한 차별 이슈는 오히려 차별 요인을 파악하기가 상대적으로 쉽다. 그로부터 해결책을 찾아내는 것도 상대적으로 쉽다. 다만 이것이 가능하기 위해서는 일정 수준의 투명성이 확보되어야 한다.

인공지능 차별을 밝히기 위해서는 알고리즘을 공개해야 한다고 주장하는 시각도 있다. 하지만 인공지능 알고리즘을 '읽는' 것 자체는 많은 경우에 무의미하다. 특히나 상용화된 복잡한 알고리즘에 대해서는 코드를 읽는 것만으로 결과값을 예상하기 어렵다. 그런 경우에, 알고리즘을 확보하는 것은 물론 실제 데이터를 함께 확보하여, 데이터를 입력해본 뒤 결과가 어떻게 나오는지 확인해봐야 검증이 가능할 수도 있다. 알고리즘과 데이터를 모두 공개한다는 아이디어에 대해서는 많은 논란이 수반된다.

다만 알고리즘과 데이터를 모두 공개하는 수준의 투명성은 아니더라도 인공지능의 대강의 구조나 작동방식에 대해 파악하는 것 자체는 어렵지 않을 수 있다. 인공지능 모형이 어떤 목적 함수나 최적화optimization를 염두에 두고 만들어진 것인지, 어떤 유형의 알고리즘을 이용했는지, 또 학습용 데이터는 어떤 구조와 내용을 가진 것인지 등을 통해서 적어도 개괄적인 얼개는 파악할 수 있는 것이다.

이로부터 개별 상황이나 인공지능 모형에 따라서는, 예를 들어 성별이나 종교에 따른 차별과 같이 사회적 논란의 가능성이 있는 요인들이 반영될 수 있는 구조는 아닌지, 만일 반영되었을 수도 있다면 어느 정도의 비중으로 반영되었을 법한지 파악하는 정도는 가능할 수 있다. 데이터 값을 다른 값으로 치환해보는 식으로 가능할 수도 있고, 그 이외에 최근에 '설명가능성explainability'이라는 이름으로 다양한 연구와 시도가 이루어지고 있기도 하다.

인공지능 차별은 왜 생기는 걸까?

인공지능을 활용한 의사결정에 차별이나 편향이 나타날 수 있다면, 그 원인이 무엇인지 생각해볼 필요가 있다. 다음 도식은 데이터 수집에서 시작하여 인공지능 모델이 만들어지기까지의 전체 흐름을 몇 개의 단계로 나누어 간략하게 요약한 것으로, 각각의 단계에서 모두 차별이나 편향으로 인한 문제가 생겨날 가능성이 있음을 알려주는 것이다.[12]

오늘날의 인공지능은 데이터의 존재가 핵심적인 관건이다. 적어도 개념적으로는 인공지능 모형을 개발하는 첫 단계는 실제 세상real world의 데이터에서 출발한다. 사회적 환경을 배경으로 하는 유형의 작업은 실제 세상의 데이터가 더욱 중요하다. 그런데 사회에는 편견과 차별, 불공정이

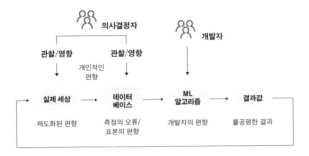

머신러닝의 불공정 원인

어느 정도는 있기 마련이다. 인공지능 개발의 기본 배경이
되는 인간 사회의 모습은 인공지능 기술 자체에 관한 문제
라기보다는 우리 사회의 근본적인 문제라 하겠다.

　다음은 실제 세상의 데이터^{real world data}로부터 일부를 추
출해서 인공지능용 데이터베이스를 만드는 단계다. 학습
용 데이터를 구축하는 것이 이 단계에서 중요한 작업이 된
다. 학습용 데이터는 개념적으로 모집단이라 할 수 있는 전
체 데이터 중에서 일부를 추출해낸 것으로 파악할 수도 있
다. 학습 데이터용으로 이용될 데이터베이스를 구축할 때,
추출된 데이터가 모집단의 통계적 특징을 얼마나 정확하
게 반영하고 있는지가 문제될 수 있다. 표본추출^{sampling}의

과정에서 통계적 편향이 나타날 수도 있는 것이다. 또한 레이블링이 어떻게 되었는지도 문제가 될 수 있다. 데이터를 추출해내는 과정에서 기획자와 개발자 등 사람의 판단이 작용할 텐데, 어떤 유형의 작업을 구상하는지에 따라 데이터베이스에 포함되는 데이터의 구체적인 내용과 개별 항목이 달라질 수 있다. 또한 수치화하여 측정하고 평가하는 것이 가능한 데이터measurable data를 전제로 하여 데이터베이스를 구축하게 될 것이어서, 그로 인해 수집 데이터에 편향이나 한계가 발생할 수도 있다.

학습용 데이터가 구축되면 이를 이용해서 여러 형태의 알고리즘을 구현해보게 되고, 반복적 시행착오와 수정의 과정을 거쳐 모형이 만들어진다. 어떤 유형의 알고리즘을 이용할 것인지에 대한 판단을 포함하여 이 단계에서의 판단에서도 편향이 발생할 가능성이 있다. 그렇게 보면, 결국 인공지능 모형이 개발되는 모든 단계에서 편향이나 차별이 나타나거나 강화될 가능성이 있다. 그중 일반적으로 제일 중요한 요소는 학습 데이터에 편향이 나타날 가능성에 관한 것이다.

그렇다면 학습 데이터를 통해 어떤 문제가 나타날 수 있는지를 보자.[13] 기본적인 출발점은 학습 데이터가 가진 통계적인 한계의 가능성이다. 이는 모집단, 즉 실제 세상의 데이터를 학습 데이터가 통계적으로 충실하게 반영하지 못할 가능성에 관한 것이다.

예를 들어 신입사원 채용을 위한 알고리즘을 구축하는 가상의 사례를 생각해보자. 기업 입장에서는 우선 인재상을 마련하는 작업이 필요하다. 이때 '성실한 사람'과 같은 추상적인 기준을 제시하는 것으로는 곤란하고, 측정 가능한 형태의 인재상이 마련되어야 한다. 일정 규모 이상의 기업이라면 지금까지 회사에 지원한 지원자, 그리고 그중에서 채용되어 회사에 충분한 기여를 한 직원에 관한 데이터를 추출하여 인재상을 구축하고, 이로부터 인공지능 모델을 마련하는 구상을 해볼 수 있다. 이를 구체화하고 데이터베이스를 마련하는 과정에서 회사의 인사자료를 비롯한 다양한 데이터를 활용하게 될 것이다. 이때 어떤 데이터가 얼마나 상세하게 반영되는지, 그리고 반영되지 않는 데이터는 어떤 것인지 하는 것이 종국적으로 어떤 인공지능 모형이 만들어질 것인지에 상당한 영향을 미치게 된다.

이 과정을 통해서 그동안 어떤 특징을 가진 직원들이 채용되었는지, 그리고 채용된 직원들이 근무 과정에서 어떤 특징을 보여왔는지에 대한 데이터가 추출된다. 한편, 중요한 유형의 데이터 일부가 불가피하게 누락되기도 한다. 회사 내에서의 데이터 구축에 한계가 있어서 충분한 데이터가 존재하지 않는 경우도 있다. 또한 채용이 이루어지지 않은 후보자, 즉 지원하지 않은 경우나 지원했지만 탈락한 경우에 관한 데이터는 당연히 포함되지 않는다. 회사는 지원자에 관한 데이터, 그리고 이 중에서 채용이 되어 실제로 근무하게 직원들이 근무하는 과정에서 생성된 데이터만 가지고 있다. 회사에서 근무를 하게 되었다면 우수한 성과를 냈을 법하지만 채용이 되지 않아서 근무 기록이 없는 사람들에 관해서는 데이터가 존재하지 않는 것이다.

학습 데이터의 두 번째 문제는, 학습 데이터는 많은 경우에 과거의 상황에 기초한 데이터historic data라는 것이다. 채용 맥락으로 돌아가보자. 20년 전에 입사한 직원들이 어떤 특징을 가졌는지에 관한 데이터를 추출하여 이로부터 인재상을 구축하는 작업을 진행할 수 있다. 이때 회사에 기여를 많이 한 직원들의 특징과 그렇지 못한 직원들의 특징이 반영된 여러 데이터가 추출될 수 있을 텐데, 그 과정에서 10년 전, 20년 전의 사회적 규범이나 관행이 명시적 또는 묵시적으로 반영된 것으로 인한 한계가 있을 수 있다.

당연한 것이지만 20년 전의 취업시장 관행과 지금의 취업시장 관행은 같지 않다. 예를 들어, 현재의 상황과 비교할 때 20년 전에는 대학을 졸업한 여성 중에서 아예 취업을 하지 않는 경우도 적지 않았고, 취업을 하더라도 결혼이나 출산과 함께 퇴직을 하는 경우도 적지 않았다. 이와 같은 사회적 규범이나 관행의 변화를 적절히 고려하지 않고 데이터베이스를 구축하여 인공지능 모형을 마련하면, 여성의 채용을 권장하지 않는 결과를 낳을 수도 있다.

세 번째로 데이터 레이블링 자체에 오류나 한계가 있는 경우mislabeling다. 이미 언급한 것처럼, 지도학습 인공지능은 데이터가 어떻게 레이블링 되었는지에 크게 의존한다. 그런데 예를 들어, 인사고과 과정에서 평가자의 '진정한 평가'가 반영되지 않고 평가양식에 맞춘 형식적인 평가 기록만 남아 있다면, 그로부터 인공지능 학습 데이터를 구축하는 것은 잘못된 판단을 유도할 가능성이 크다. 평가자의 마음속으로는 주로 A라는 요인에 기초해서, 또는 여러 요인이 종합적으로 작용해서 평가를 했지만, 평가 양식상 B라는 요인에 기초하여 평가를 한 것으로 기록이 마련되었다면, 이런 데이터에서 출발하여 구축된 인공지능 모형은 당연히 오류를 유발하게 될 것이다.

네 번째 문제는 레이블 누락omitted labeling의 가능성으로 인한 문제다. 학습 데이터로 유용하게 쓰일 수 있을 법한 데이터지만 기록이 생성되지 않거나 매우 제한적으로만 생성되는 것으로 인해 문제가 발생할 수 있다. 인사고과의 과정에서 정량화되어 반영되기 어려운 변수들이 이에 속할 수 있다. 예를 들어, 여러 가지 '미세한' 이유가 쌓여 신뢰감을 확보한 직원이 있다고 할 때, 그런 미세한 이유들이 평가항목에 반영되기 어려운 경우라면 해당 직원에 대한 평가는 레이블상의 오류mislabeling를 보일 수도 있고 그와 함께 레이블 자체가 누락되는 한계omitted labeling 또한 보일 수 있다. 물론 그 경우 인공지능 모형에 왜곡이 발생할 가능성이 크다.

학습용 데이터와 관련하여 발생할 수 있는 한계 중에서도
특히 주목해야 하는 것이, 과거의 사회적 규범이나 관행이
데이터에 반영되는 것historic data으로 인해 발생하는 것이다.
다음 그림은 과거의 규범이나 관행이 반영된 데이터로부
터 인공지능 예측 모형을 만들어내는 과정을 개념적으로
보여주는 것이다.[14] 그림에서 왼쪽 부분이 훈련 알고리즘
trainer이고, 오른쪽이 이를 적용하는 분류 알고리즘classifier이
다. 왼쪽 그림의 예로 학습 데이터를 이용하여 채용을 위한
예측 모형을 구축하는 것을 생각해볼 수 있다. 그 경우, 오
른쪽 그림은 개별 채용 후보자에 관한 데이터를 입력값으
로 적용하여 결과값을 받아보는 알고리즘이 된다. 즉 여기
서의 분류 알고리즘은 개별 후보자가 채용을 위해 추천할
만한 특징을 가진 후보자인지 여부를 판별하는 것이라 할
수 있다.

앞에서 본 것과 같이, 학습 데이터를 마련하여 훈련 알
고리즘을 구축하게 된다. 개별 기업의 차원이라면 과거의
채용 데이터 및 기존의 인사 기록으로부터 학습 데이터를
마련하고자 하는 시도를 할 수 있다. 개별 기업의 차원을

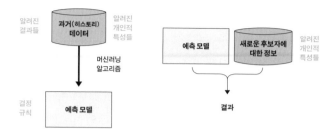

히스토릭 데이터

뛰어넘는 좀 더 보편적인 채용 알고리즘을 구축하는 과정
에서도 지금까지 축적된 고용 및 인사 데이터를 활용하여
학습 데이터를 마련하게 될 것이다. 그 과정에서, 더 이상
은 적절한 것으로 받아들여지지 않는 과거의 관행이나 규
범이 반영된 학습 데이터가 마련될 가능성이 크고, 그로 인
해 이를 활용하여 구축된 알고리즘에도 왜곡이 나타날 가
능성이 있다.

상관관계에 기초한 인공지능의 예측과 한계

통계학이나 계량경제학의 방법론을 이용하여 연구할 때
매우 어려운 동시에 쉽게 논란이 발생하는 영역으로 인과
관계causation를 들 수 있다. 인과관계란 'A로 인해서 B가 생

졌다'는 식의 원인과 결과에 관한 것이다. 이와 구분되는 개념으로 상관관계correlation가 있다. 상관관계란 'A와 B 사이에 통계적 연관성이 있는지'에 관한 것이다. 예를 들어, A가 늘어날 때 B도 함께 늘어나는 경향성이 있는지에 관한 것이다. 이는 A로 인해 B가 영향을 받은 것인지, 그 반대로 B가 원인이 되어 A가 늘어났는지 여부를 규명하는 것과는 개념적으로 구분되는 것이다.

인공지능은 일반적으로 통계적 상관관계에 기초해서 연산을 하는 방식이다. 상관관계를 강조하는 것은 인과관계를 규명해야 하는 것에 비해 편리함을 주기도 하지만, 그와 함께 새로운 논란이 부각되는 계기로 작동하기도 한다. 이 중에서, 편향이나 차별 맥락에서 함의를 제공하는 두 가지를 살펴본다. 첫 번째는 대체변수proxy에 관한 것이다. 대체변수는 특정 변수와 통계적 상관관계가 높은 또 다른 변수를 말한다. 인공지능의 작동 과정에서 통계적으로 의미 있는 대체변수가 활용되는 경우가 적지 않다. 이는 인공지능의 작동을 원활하게 해주는 한편, 그로 인해 예기치 못한 부작용이 발생할 가능성도 있다.

채용 과정에서의 성별에 따른 차별 시나리오를 다시 떠

올려보자. 성별에 따른 차별 논란을 의식하여 입력값에서 성별에 관한 데이터를 아예 삭제해버리는 모델링을 생각해볼 수 있다. 그런데 입력값에 성별을 직접 알 수 있는 데이터는 없을지라도 성별을 암시해주는 값들은 있을 수 있다. 예를 들어, 이력서나 자기소개서가 입력값으로 쓰이면서, 이를 통해 여학교를 다녔다든가 여성으로 구성된 단체에서 활동했다든가 하는 것을 파악할 수 있다면, 이러한 우회적인 값들이 대체변수로 이용될 수 있다. 이처럼 '성별' 항목이 별도로 존재하지 않더라도 대략적으로 가늠할 수 있는 대체변수를 찾아서 이를 반영한 의사결정을 할 수도 있다. 당초에 입력값에 제한을 둘지 여부를 둘러싸고 논란이 발생할 수 있지만, 설사 입력값에 일정한 제한을 두더라도 인공지능 알고리즘이 유용한 대체변수를 어렵지 않게 찾을 수 있다면 입력값에 제한을 두는 방식은 상당 부분 무력화될 수밖에 없다. 대체변수를 적극적으로 통제하는 방식을 생각해볼 수도 있지만 현실적이지 않다. 대체변수로 쓰일 가능성이 있는 변수들을 사전에 일일이 찾아내는 것 또한 쉽지 않기 때문이다.

상관관계를 강조하는 것과 관련된 또 다른 문제는 인공

지능 모형을 통해 반영되기 어려운 배경 구조에 관한 것이다. 특히 개인과 관련된 사회적 판단의 맥락에서는 조직체계가 가진 특징이나 관행이 중요한 영향을 미칠 수 있는데, 인공지능 모형을 통해 이를 적절히 고려하는 것은 매우 어렵다. 예를 들어 남성 중심의 근무 조직을 전제로 할 경우에 여성 근로자의 생산성은 낮게 측정될 가능성이 높다. 남성에게 더 유리한 생산성 측정방식이 이용되는 경우에도 마찬가지다. 이러한 유형의 상황에서는 여성 근로자의 생산성이 낮다는 결과가 도출될 수 있고, 이로 인해 여성에게 불이익이 발생하는 인공지능 모형이 만들어질 수 있다. 조직체계의 특징이나 관행과 관련된 이슈는 이를 파악하는 것 자체가 쉽지 않을 수 있어서, 이와 관련된 편향이나 왜곡이 존재하더라도 이에 대해 체계화하여 이해하는 것이 어려울 수 있다.

데이터의 가용성

인공지능 모형의 구축을 위해서는 유용한 데이터의 확보가 핵심적인 선결요건이 된다. 데이터 가용성data availability에 관해 살펴보자. 가용성은 인공지능 모델링을 하는 데 이용될 수 있는 데이터가 존재하는지, 어떤 형태로 존재하는지, 그리고 이를 실제로 이용할 수 있는지에 관한 것이다. 성별에 따른 차별 가능성의 맥락에서 이를 생각해보자. 회사의 채용 과정에서 지금까지 여성 지원자가 거의 없었다면, 채용 과정을 통해 축적된 데이터는 학습용으로 이용되기에 부적절한 것일 가능성이 있다. 합리적인 이유 없이 특정 그룹에 속하는 구성원에 관한 데이터가 지나치게 적게 포함되어 있다면, 해당 데이터는 표본으로서의 대표성이나 일관성이 없는 것일 수 있기 때문이다.

또한 데이터의 종류가 문제될 수도 있다. 예를 들어 기업 내 생산성의 지표로 근무시간이 이용되는 경우를 생각해보자. 출퇴근 시간을 측정하여 이용할 수도 있고, 회사에서 보낸 시간을 기준으로 할 수도 있다. 생산성이라는 것은 매우 추상적인 개념이어서, 이처럼 가용한 데이터 중에서 측정 가능한measurable 지표를 만들어서 생산성을 측정하는 시도를 할 수 있다. 그런데 근무시간을 이용하여 평가를 한다면 어떠한 문제가 발생하겠는가. 오히려 빠르게 일처리를 하는 직원에게 불이익이 발생할 수 있고, 반면에 구체적인 작업의 진척은 별로 없더라도 근무시간이 충분히 길거

나 출퇴근 시간이 일정한 직원에게는 좋은 평가가 이루어
질 수 있다. 이 사례에서 만일 근무시간이 직원들의 사회경
제적인 환경과 통계적 연관성이 있는 것이라면, 근무시간
을 생산성 지표로 활용한 인공지능 모델은 사회적 편향을
반영한 결과를 보이게 될 것이다.

공정성과 차별의 통계학적 개념

지금까지 설명한 인공지능 공정성 개념을 어떻게 체계화
하여 정리할 것인가? 이에 대해 지난 몇 년 동안 매우 많은
이론적 발전이 이루어져왔다. 특히 통계학적 개념을 활용
하여 정량적 측정이 가능한 공정성 지표fairness metrics를 마련
하여 정리하기 위한 학문적 성과가 본격적으로 나타나기
시작했다.

　공정성이나 차별과 관련된 문제는 서로 다른 집단 사이
의 비교를 통해서 평가를 하게 된다. 예컨대 사회구성원 중
에 A와 B라는 두 그룹이 있을 경우 두 그룹에 적용된 인공
지능 알고리즘이 유사한 결과값을 보이는지 또는 현저하
게 다른 결과값을 보이는지 비교한 뒤, 결과값에 차이가 크
다면 이 차이가 차별로 인해 발생한 것이 아닌지를 따져보

는 것이다.

이러한 평가를 위해 활용되는 중요한 통계학적 개념이 진양성true positive, 위양성false positive, 진음성true negative, 위음성false negative의 개념이다. 인재 채용의 상황을 예로 들어 생각하면, 진양성은 회사의 인재상에 부합하는 우수한 인재라 판단하여 채용을 했는데 실제로도 업무성과가 좋은 유형을 말한다. 한편, 위양성은 업무성과가 좋을 것으로 예상하고 채용했는데 실제로는 성과가 좋지 않은 경우다. 그리고 진음성과 위음성은 이와 반대되는 개념이다. 위양성과 위음성은 인공지능 알고리즘의 판단과 실제 상황이 서로 다른 경우를 말하는 것이고, 진양성과 진음성은 인공지능 알고리즘의 판단과 실제 상황이 같은 경우를 말하는 것으로 해석할 수 있다.

통계적으로 이들 4가지 개념을 응용한 지표를 마련하여 오류율에 관한 통계적 개념을 설정하고, 이로부터 차별에 관해 평가하는 것이 가능하다. 예를 들어, 채용 과정에서의 데이터에 기초하여 성별, 나이, 출신 학교, 출신지 등 여러 요소에 대해 위음성이나 위양성의 수치를 계산한 뒤, 이 수치를 비교하여 차별 여부에 대해 판단을 하는 것이다. 이

지표를 어떻게 구체화하여 마련하는지에 따라, 채용 합격
자 중에 남성이 60퍼센트이고 여성이 40퍼센트인 것이 매
우 공정한 것으로 평가될 수도 있고 공정하지 않은 것으로
평가될 수도 있다. 미국에서는 안면인식 알고리즘의 오류
율이 인종별, 성별로 크게 달리 나타난다는 것이 차별에 관
한 논란으로 이어지기도 했다.

결국 공정성 지표를 어떻게 설정하느냐에 따라 개별 상
황을 두고 공정한지 여부를 판단하는 것이 크게 달라질 수
있다. '공정성'은 매우 중요한 덕목인데, 인공지능과 관련
하여 공정성 개념이 실제로 유용하게 적용되기 위해서는
공정성을 측정하는 지표를 어떻게 구체화하여 마련할 것
인지에 대한 논의가 선결되어야 한다. 이때 하나의 공정성
지표가 모든 상황에 공통적으로 적용될 수 있을 것으로 생
각하는 것은 현실적이지 않다. 그렇게 보면, 중요한 것은
어떤 개별 유형의 맥락이나 상황에서 어떤 공정성 지표를
적용하는 것이 적절할 것인지에 대해 체계화하는 것이라
할 수 있다.

다양한 공정성 지표 사이의 관계에 대해 파악하는 것이
중요할 수도 있다. 개념 사이의 상충 가능성이 있기 때문이

다. 다양한 공정성 지표를 동시에 만족하는 것은 불가능하다는 수학적 증명이 이미 이루어진 바 있다.[15]

신용평가에서의 기회 균등은 어떻게 이루어지는가

좀 더 구체적인 사례로 개인신용평가에서의 차별 문제를 보자. 다음 그림의 두 그래프는 가상의 두 그룹의 통계적 특징을 보여주는 것이다.[16] 여기서 그룹A(위쪽 그래프)는 사회경제적으로 취약한 계층이 다수인 그룹, 그룹B(아래 그래프)는 중산층 또는 그 이상의 사회경제적 위치에 있는 계층이 다수인 그룹을 가리키는 것이다.

그래프의 가로축에는 신용평점credit score이 있고, 세로축은 대출을 받은 다음 제때 상환하는지repay 또는 채무불이행을 하는지default 여부를 보여주는 것이다. 총체적으로는 신용평점을 기준으로 점수가 높은 사람이 대출을 받고 나서 제때에 상환할 가능성이 높다. 금융기관은 이를 고려하여 대출 여부 및 관련 조건을 결정하게 된다. 하지만 통계적으로는 신용평점이 높더라도 채무불이행을 하는 사람이 나타나게 마련이다. 그 반대로, 신용평점은 매우 낮지만 제때 상환하는 사람도 있다. 채무불이행이 나타나는 비율이나

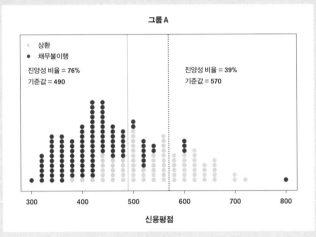

그룹 A

- 상환
- 채무불이행

진양성 비율 = 76%
기준값 = 490

진양성 비율 = 39%
기준값 = 570

신용평점

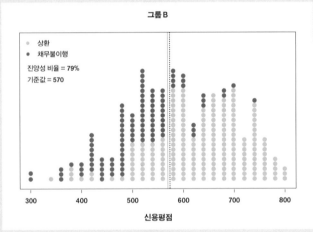

그룹 B

- 상환
- 채무불이행

진양성 비율 = 79%
기준값 = 570

신용평점

개인신용평가에서의 기회 균등 알고리즘

양태는 사회경제적 상황을 비롯한 여러 이유에 따라 다르게 나타난다. 신용평점은 상환가능성을 가늠하는 데 있어 편리한 지표로 작용할 수 있지만, 그와 동시에 통계적으로 위양성과 위음성의 오류를 발생시킬 수 있다. 통계적 오류가 나타날 가능성은 신용평점은 물론이고 데이터에 기초한 판단 방식에서 일반적으로 나타날 수 있는 숙명적인 것이다.

이제 공정성 개념을 염두에 두고 그룹 A와 그룹 B 사이의 통계적인 차이를 비교해보자. 공정한 대출을 위한 한 가지 원칙은 사회경제적 특징을 불문하고 일정 수준의 신용도를 보이는 개인에게 대출을 해주는 것이다. 그래프에서는 이를 단순화하여, 신용평점 570점을 기준으로 대출여부를 결정하는 상황을 점선으로 표시된 직선을 이용하여 보여주고 있다. 이 점선은 사회경제적 상황에 대한 별도의 고려 없이 신용평점이 570점이 넘는 개인에게는 대출을 해주고 그 미만인 개인에게는 대출을 해주지 않는 것을 가리키는 것이다. 이렇게 판단하는 것이 공정한 판단이라는 시각도 충분히 가능하다.

그런데 동일한 신용평점을 기준으로 의사결정을 하고

나면 그 결과는 그림의 두 그룹 사이에 다르게 나타난다. 우선 그룹 B와 비교할 때, 그룹 A에 속한 개인 중에서 대출을 받게 되는 사람들의 비율이 훨씬 낮다. 그런데 이 중에서 채무불이행을 하는 개인의 비율 또한 사회경제적 취약 계층인 그룹 A에서 낮게 나타난다. 다른 한편, 그룹 A에 속한 개인 중에서는 제때에 상환할 적격자임에도 불구하고 신용평점이 570에 미치지 못하여 아예 대출 기회가 제공되지 않는 개인이 적지 않다. 이런 상황에 대한 평가를 위해 적용해볼 수 있는 한 가지 공정성 지표는 진양성 비율 TPR, true positive rate이라고 부르는 것이다. 진양성 비율을 계산하는 공식은 다음과 같다.

진양성 비율(TPR) = 진양성 숫자 / (진양성 숫자 + 위음성 숫자)

여기서 진양성인 사람은 대출적격자로 올바르게 판단이 된 사람, 즉 신용평점이 570 이상이면서 충실하게 상환한 사람(다시 말해, 채무불이행을 하지 않는 사람)을 말한다. 그리고 위음성인 사람은 대출이 이루어졌다면 채무를 충실하게 상환했을 것이지만 신용평점이 570 미만이어서 대출이 거절된 사람을 말한다. 진양성 비율을 계산해보면, 그룹 A는 39퍼센트이고 그룹 B는 79퍼센트로 두 그룹 사이에 커다란 차이가 나타난다. 진양성 비율이 두 배 가까이 차이가 나는 것이다. 진양성 비율에 기초하여 두 그룹을 비교하면, 동일한 신용평점을 판단의 기준으로 삼는 것에 대해 공정하다고 평가하기는 어렵다.

이런 문제를 개선하기 위한 한 가지 방법은 두 그룹에 대해 서로 다른 기준을 적용하여 대출 여부를 평가하는 것이다. 논의의 편의상 그룹 A에 대해서는 대출 여부를 결정하는 기준이 되는 신용평점을 크게 낮추는 것을 단순한 예로 생각해보자. 왼쪽 그래프의 실선으로 표시된 직선은 신용평점 490을 기준으로 하여 대출 여부를 결정하는 상황에 관한 것이다. 기준값을 이렇게 변경하여, 두 그룹 사이에 서로 다른 신용평점 기준을 적용한 뒤 진양성 비율TPR을 새로이 계산해볼 수 있다. 새로이 계산된 진양성 비율은, 그룹 A에 대해서는 76퍼센트이고 그룹 B에 대해서는 79퍼센트다. 두 그룹 사이에 진양성 비율이 이제 유사해진 것이다. 결국 진양성 비율을 공정성 지표로 삼아서 판단할 경우에, 두 그룹 사이에 서로 다른 신용평점 기준을 적용한 것이 공정성을 달성하게 해준 것으로 평가할 수 있다.

이처럼 공정성 평가를 위한 지표를 어떻게 설정하는지에 따라 공정성 여부에 대한 평가가 크게 달라질 수밖에 없다. 앞에서 본 것과 같이, 사회경제적 상황에 관한 별도의 고려 없이 두 그룹에 똑같이 신용평점 기준 570점을 적용하는 것이 하나의 공정성 지표가 될 수 있다. 다른 한편, 두 그룹의 사회경제적 차이를 고려해서 각기 다른 신용평점 기준을 적용하는 것이 진양성 비율이라는 또 다른 공정성 지표를 충족하는 방법이 될 수 있다. 그 이외에도 다양한 공정성 지표가 있을 수 있다. 그리고 구체적으로 어떤 공정성 지표를 적용하는지에 따라서 공정성 여부에 대한 판단이 달라질 수 있다. 인공지능과 관련된 공정성이나 차별에 관한 논의에서는 어떤 지표를 염두에 두는 것인지에 관한 논의가 선결되어야 한다. 그렇지 않으면, '공정성'이라는 동일한 표현을 두고 많은 사람이 서로 각기 다른 개념을 염두에 두게 될 가능성이 크다. 물론 그런 경우에 평가의 일관성을 확보하기도 어렵고, 논의의 진전을 이루기도 어려울 것이다.

인공지능 차별에 관한 마지막 이야기는 차별의 악순환에 관한 것이다. 이는 인공지능을 활용한 예측값이 특정 방향의 경향성을 띠게 되고 점차 이러한 경향성이 강화하게 될 가능성을 말한다. 영어로는 피드백 루프feedback loops라고 하기도 하고, 사회심리학이나 의학 등의 영역에서는 자기실현적 예언self-fulfilling prophecy이라는 표현이 사용되기도 한다.

예를 들어, 특정 감염병이 유행할 가능성이 80퍼센트로 예측될 경우에, 사람들은 이 예측치를 보고 문제의 심각성을 느끼며 훨씬 더 많은 대비를 하게 된다. 그래서 당초에는 감염병이 유행할 가능성이 큰 것으로 예측되었지만, 사람들의 행태가 바뀐 것으로 인해 실제로는 감염병이 크게 유행하지 않는 결과가 나타날 가능성이 있다. 사람들의 반응이 상호작용하면서 나타나게 되는 결과는 이처럼 선순환이 될 수도 있고, 이와 달리 악순환의 결과가 나타나는 경우도 있을 수 있다. 물론 악순환이 나타날 가능성은 줄여갈 필요가 있다.

인공지능 공정성과 관련하여 어떤 식의 악순환이 가능할지 생각해보자. 고용 맥락에서 다시 생각해보면, 기업의 인사고과 상황에서 몇 가지의 특징적 지표만으로 평가가 이루어지기 시작하면 해당 지표와 관련된 편향이 계속 강화될 가능성이 있다. 그리고 해당 지표를 쉽게 충족하지 못하는 직원들에게 불이익을 주기 시작하면 이로부터 자칫 악순환이 시작될 수 있다. 예를 들어, 특정한 유형의 특징이 있는 직원들에게 우호적인 평가가 나타나기 시작하면 해당 특징을 보이는 직원들에게는 좋은 업무 기회가 많이 부여되고 인적 자원에 대한 투자 또한 많이 이루어질 가능성이 크다. 한편, 그 이외의 직원들은 좋은 업무기회에 노출될 기회도 상대적으로 적고, 인적 투자 또한 덜 받게 된다든지 하면서 지속적으로 평가가 더 나빠지는 악순환에 빠질 가능성이 있다. 그러면서 격차는 더 크게 벌어지게 되는 것이다.

또 다른 예를 보자. 기업이 직원을 채용할 때 특정한 성향의 지원자를 선호한다거나 특정 학교, 지역 출신을 선호한다는 소문이 생기기 시작하면, 이런 소문의 진실 여부와 상관없이 그 소문에 부합하는 사람이 점점 더 많이 모일 가능성이 커진다. 한편 이에 부합하지 않는 사람들은 아예 그 회사에 지원하지 않게 될 가능성이 커진다.

외국, 특히 미국에서는 이와 같은 맥락의 차별에 대한 논의가 지속적으로 나타나고 있다. 가장 흔히 발생하는 논란은 인종차별에 관한 것으로, 경찰력의 배치에 관한 정책적 판단이 예시가 될 수 있다. 통계적으로 범죄율이 높은 지역에 경찰력을 많이 배치하여 범죄를 예방하기 위한 노력을 기울일 수 있다. 그런데 통계적으로 범죄율이 높은 곳은 흑인 거주지역인 경우가 많다. 경찰력을 많이 배치하면 그에 따라 검문검색이 늘어나고, 그로 인해 검거율 또한 높아지는 흐름이 나타난다. 이는 통계적으로는 범죄율을 높이는 효과를 가져온다. 반면 백인 거주 지역에는 경찰력의 투입이 적기 때문에 검문검색도 상대적으로 적다. 그로 인해 범죄율도 낮은 것으로 파악된다. 이처럼 순찰이나 검문검색 등의 과정을 통해 흑인 거주지역에서는 범죄율이 계속해서 높아지는 악순환이 나타날 수 있고, 반대로 백인 거주지역에서는 범죄율이 낮은 것으로 파악되는 경향성이 나타날 수 있는 것이다.

이와 같은 악순환이나 선순환의 구조는 알고리즘을 활용한 의사결정의 맥락에서 종종 나타날 수 있다. 경우에 따라서는 알고리즘의 개발자도 의식하지 못하는 사이에 나타날 수도 있다. 예를 들어, SNS에서 흔히 이용되는 사진 자르기cropping 알고리즘에도 피드백 루프가 작동할 가능성이 있다. 트위터에서는 트위터가 제공하는 사진 자르기 기능이 인종별로 다르게 작동하는 것 같다는 보고를 받고, 아예 이를 공개하여 트위터의 사진 자르기 알고리즘의 편향성에 관해 연구하여 밝히도록 하는 경연대회를 열었다. 그 결과, 트위터의 알고리즘이 얼굴이 갸름하고, 젊고, 밝은 피부색이고, 부드러운 피부톤을 보이고, 여성성을 보이는 사진을 선호한다는 것이 밝혀졌다.[17] 트위터의 알고리즘이 왜 이런 성향을 보이는지에 관해 명확히 규명된 것은 아니지만, 생각해 볼 수 있는 한 가지 원인은 피드백 루프다. 즉 일정 유형의 사진이 트위터 이용자들 사이에 관심을 많이 끌게 되면, 트위터 알고리즘이 이를 파악하여 관심도가 높아진 유형의 사진들에서 특징을 추출한 뒤, 동일한 특징을 보이는 사진들을 더욱 부각할 가능성이 있는 것이다. 그리고 이러한 순환구조가 결국 특정한 방향의 편향성을 보이는 결과를 초래할 가능성이 있다.

인공지능 윤리의 화두,
투명성과 설명가능성

인공지능 윤리와 관련해서 최근에 중요하게 부각한 개념 중에 '투명성transparency'과 '설명가능성explainability'이 있다. 이에 대해 살펴보자. 먼저 투명성은 왜 언급되는가? 상식 수준에서 생각하면 일반적으로 투명성이란 좋은 것이다. 사회적으로도 투명한 사회가 좋다. 그렇다고 해서 세상의 모든 상황에서 투명성이 무조건 바람직한 것은 아니다. 투명성이 바람직하더라도, 기술적인 이유나 그 이외의 이유로 인해 투명성의 확보가 제한될 수밖에 없는 상황도 있다.

한편 설명가능성은 무엇인가? 이는 '설명explain'이라는 단어와 '가능성' 내지 '능력ability'이라는 단어가 결합된 것으로, 인공지능의 의사결정에 대해 어떻게 설명할 수 있을지에 관한 문제다. 최근의 인공지능은 기술개발과 함께 성능이 계속 좋아지고 있는 한편, 그 작동방식에 대해 이해하기 어려운 경우가 늘어나면서 '블랙박스blackbox'라는 인식이 있기도 하다. 설명가능성은 그러한 블랙박스 인공지능에 대한 사회적 요구와도 관련이 있다. 즉 인공지능 기술의 성능이 계속해서 좋아지는 것과 별개로, 인공지능이 어떻게 작동하는 것인지에 대한 설명의 제공 또한 매우 중요한 사회적 과제라는 요구다.

그렇게 보면, 설명가능성은 인공지능 기술에 대한 사회적 신뢰의 확보를 위해 요구되는 선결 요건일 수도 있다. 인공지능은 매우 뛰어난 성능을 보이는 기술이지만, 이 기술이 사회에 본격적으로 도입되는 과정에서는 설명가능성의 확보를 통해 사회적 신뢰를 얻는 것이 특히 중요하다고 볼 수 있다. 사회적 신뢰가 확보되어야 인공지능이 본격적으로 사회에 도입될 수 있을 것이다. 어쩌면 향후에 기술이 좀 더 성숙하고 사회적 신뢰의 수준이 높아지면 설명가능성에 대한 요구는 줄어들 수도 있다.

최근에는 법규범을 통해 설명가능성에 대해 규정하는 경우도 나타나고 있다. 이에 관한 논의를 선도한 것은 유럽연합이다. 유럽연합에서는 개인정보보호법에 해당하는 GDPR General Data Protection Regulation을 마련하여 2018년 5월부터 시행했는데, 여기에 '설명을 요구할 권리 right to explanation'가 명시적으로 포함되었다.

좀 더 구체적으로, GDPR은 전문 제71조를 통해 자동화된 의사결정에 대해 설명을 구할 권리를 개인에게 부여하고 있다. 그리고 본문 제13조 및 제14조를 통해서는 자동화된 의사결정과 관련된 '논리 logic'에 대해 설명을 제공하도록 규정하고 있다. 다만 GDPR이 전문과 본문을 통해 규정한 '설명'에 관한 사항이 인공지능 설명가능성의 일반적인 개념과 정확히 어떤 관계인지에 대해서는 학계에서도 다양한 의견이 존재한다.

국내에서는 2020년에 신용정보법(신용정보의 이용 및 보호에 관한 법률)이 개정되면서 관련된 조항이 포함되었다. 제36조의2에 '자동화평가 결과에 대한 설명 및 이의제기 등'에 관한 조항이 신설된 것이다.

설명을 제공해야 하는 의무는 인공지능과 무관하게 이미 여러 영역에 존재한다. 금융의 영역에서도 존재하고 의료영역에도 설명의 의무가 있다. 다만 인공지능을 이용한 의사결정의 맥락에서 설명의 요건에 관해 논의가 시작된 것은 최근의 일이다.

성능이냐, 설명가능성이냐

인공지능 기술의 맥락에서는 설명가능성과 관련하여 어떤 흐름이 있어왔는지 살펴보자. 공학에서는 설명가능 인공지능Explainable AI에 관한 연구가 몇 년 전부터 활발하게 이루어지고 있다. 다음 그림은 설명가능 인공지능에 관한 연구의 초기 문제의식을 이미지 인식 모형을 통해 보여주는 것이다. 다음 그림은 인공지능 모형에 사진을 입력하면 결과값으로 '고양이'인지 여부를 알려주는 인공지능 알고리즘에 관한 것이다.[18]

기존의 이미지 인식 모형은 최대한 정확하게 고양이를 인식하는 것이 목표였다면, 설명가능 인공지능 모형에서는 고양이를 인식한 경우에 어떤 특징에 기초해서 그러한 인식을 하게 되었는지를 함께 알려주는 기술을 개발하기

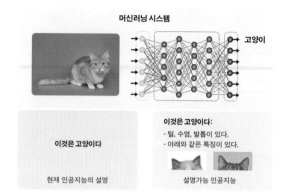

머신러닝 시스템

고양이

이것은 고양이다

현재 인공지능의 설명

이것은 고양이다:
- 털, 수염, 발톱이 있다.
- 아래와 같은 특징이 있다.

설명가능 인공지능

설명가능 인공지능

위해 노력한다. 그림의 왼쪽 아래 부분은 기존의 기술이다. 고양이 사진을 입력값으로 제시하면 '이것은 고양이다This is a cat'라고 결과를 알려주는 것이다. 한편 오른쪽 아랫부분은 설명가능 인공지능이 추구하는 방향을 제시한다. 입력값으로 제시된 고양이 사진에 대해 고양이라고 결과를 알려주는 동시에, 왜 고양이라고 인식했는지에 대한 설명이 함께 제시되는 것이다. 입력 이미지 중에서 고양이의 특징을 보이는 부분에 대해 별도의 문장이 제시되는 방식으로 설명이 제공될 수도 있고, 고양이의 특징을 보이는 유사 이미지가 제시되는 방식이 개발될 수도 있다. 설명가능 차원에서의 여러 가지 기법이 현재 연구 및 개발되고 있다.

흔히 '인공지능은 너무 복잡하여 그 판단 과정에 대해 알아낼 수 없다'는 얘기를 한다. 그런데 이 말은 그리 정확한 것은 아니다. 인공지능은 하나의 기술이 아니고 매우 다양한 유형의 기술들을 포괄하여 언급하는 것이다. 그리고 구체적인 개별 기술에 따라서는 의사결정 메커니즘이 상당히 투명한 것도 있는 반면, 전혀 그렇지 않은 것도 있다. 투명성이 높으면 대체로 설명가능성도 높다.

인공지능 유형 중 간단하고 투명한 유형으로 의사결정나무decision tree를 이용한 것을 들 수 있다. 의사결정나무를 이용한 모형은 구조가 투명해서 설명가능성이 높다. 한편, 딥러닝deep learning 모형은 여러 레이어layer를 두고 의사결정을 하게 되는데, 대체로 설명가능성이 높지 않다. 이처럼 개별적인 인공지능 기술에 따라서 투명성이나 설명가능성의 정도는 달라진다. 다만 대체적으로 투명성이 높은 모형들은 성능이 떨어지는 경향이 있고, 투명성이 낮은 모형들이 성능이 좋은 경향이 있다. 성능도 좋고 투명성도 확보할 수 있는 방향으로 기술 개발을 하기 위한 노력이 지속되고 있다. 또한 개별의사결정에 따라 어떤 모형을 써야 할 것인지에 관한 논의도 필요하다. 즉 투명성이 특히 강조되어야 하는 영역에서는 성능지표가 떨어지더라도 투명성이 높은 기술을 이용해야 할 것이고, 그 이외의 영역에서는 성능을 좀 더 강조해도 무방할 수 있다.

눈 내리는 배경에는 늑대만 있는 것일까?

그런데 설명이 왜 중요한 것일까? 앞서 인공지능 기술에 대한 신뢰 확보를 위해 설명가능성이 중요하다고 했는데, 좀 더 구체적인 예를 들어 생각해보자. 다음 자료는 이미지 분류 인공지능 모형의 예시다.[19] 인공지능에게 늑대wolf와 개(시베리안 허스키husky)의 사진을 보여주고 둘을 구분하는 것이다. 사진만으로는 사람도 이 둘을 구분하기가 쉽지 않다. 각각의 사진 바로 밑에는 인공지능이 예측한 값Predicted 과 실제 값True을 비교해놓았는데, 인공지능이 사진 6개 중 5개를 정확히 예측하고 하나의 사진에서만 오류를 범한 것을 알 수 있다. 왼쪽 아래의 사진에서만 실제로는 시베리안 허스키인 것을 늑대로 예측한 것이다.

그런데 이 연구에 이용된 인공지능 알고리즘은 이미지의 어떤 부분이 판단의 근거가 되었는지에 관한 정보를 제

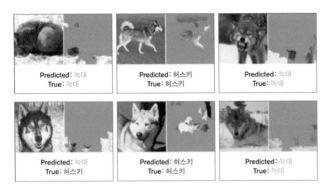

인공지능 분류기 사례

시한다. 각각의 동물 사진 오른쪽에 제시된 이미지가 전체
사진 중 어느 부분을 보고 인공지능이 판단했는지 알려주
는 것이다. 본래 사진의 오른쪽에 제시된 이미지들을 통해
서 인공지능 분류기가 주로 어떤 특징을 통해서 늑대와 시
베리안 허스키를 구분했는지 가늠을 할 수 있다. 이 이미지
들을 함께 보면, 늑대로 예측한 사진들에는 모두 공통적으
로 하얀 눈이 배경에 등장함을 확인할 수 있다. 인공지능이
시베리안 허스키를 늑대라고 잘못 판단한 사진에서도 해
당 사진을 보고 늑대라고 판단한 주요 근거는 하얀 눈이었
던 것으로 보인다.

이 설명 이미지를 통해 파악해보면, 인공지능 이미지 인식 모형이 늑대나 시베리안 허스키의 사진을 보고 동물로서의 특징을 구분한 것이 아니라 배경에 흰색 눈이 있는지 여부를 중요한 기준으로 하여 구분했던 것을 알 수 있다. 이처럼 분류의 대상이 되는 이미지로부터 구체적인 특징을 파악하여 판단한 것이 아니라 배경에 무엇이 있느냐를 두고 판단한 것이라면 더 이상 이 모형을 신뢰하기 어렵게 된다. 이 사례의 경우와 같이, 흰색 눈을 배경으로 하는 동물 사진에 대해 대부분 늑대라고 판단하는 오류를 범할 수 있기 때문이다. 이런 경우에 설명이 갖는 의미는, 판단 자체가 높은 정확도를 보이는지 여부와는 별개로 판단의 근거가 적절한 것인지에 대해 알게 해주는 것에 있다. 이를 통해 인공지능 판단에 대해 사회 전반의 신뢰도를 높일 수 있고, 또한 개발자들에게는 인공지능 모형을 개선하는 데에 필요한 유익한 정보를 제공할 수 있을 것이다.

개구리는 무엇으로 개구리일까?

설명가능한 인공지능을 위한 공학적 연구는 현재 매우 활발한 연구가 이루어지고 있는 영역이다. 모델 전체에 대

한 설명가능성 확보를 목표로 하는 방식도 있고, 국지적local
설명을 추구하는 유형의 연구도 있다. 국지적 설명 방식
중 흔히 언급되는 것 하나는 LIMELocal Interpretable Model-agnostic
Explanations 방식이다. LIME을 통해서 설명가능 인공지능이
어떤 식으로 작동할 수 있는지 알아보자.

다음 사진은 장식용 개구리 모형의 사진이다.[20] 개구리
를 인식하는 이미지 인식 알고리즘이 있다고 할 때, 이 사
진의 대상이 개구리인지를 어떻게 파악했는지를 알 수 있
게 해주는 방식중 하나가 LIME이다.

이 방식을 이용하기 위해서는, 먼저 왼쪽의 개구리 이미
지를 오른쪽처럼 여러 개의 조각으로 나눈다. 그리고 그중
몇몇 조각들을 다양하게 이용한 조합을 만들어, 그런 몇 조
각의 조합만으로 개구리를 인식해내는 경우가 어떤 경우
인지를 반복 테스트를 통해서 확인하게 된다.

아래쪽의 그림은 그러한 테스트의 과정을 보여주는 것
이다. 예시로 3가지의 조각 이미지 조합이 제시되어 있는
데, 실제로는 이보다 훨씬 더 다양한 조합을 통한 시도가
이루어진다. 이 예시 모델의 3가지 이미지 중 맨 위의 것은
개구리의 눈, 코, 입 주변의 이미지가 포함되어 있고, 그 옆

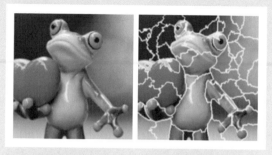

LIME, 본래의 이미지를 해석 가능한 조각들로 나누기

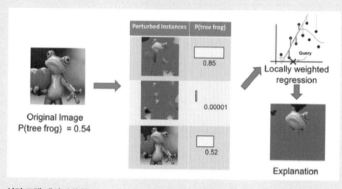

설명 모델 예시: LIME

에 표시된 0.85라는 숫자는 확률이다. 매우 단편적이고 부분적인 이미지이지만 상당히 예측력이 높다는 것을 알려주는 것이다. 반면 중간 이미지의 확률은 0.00001로 매우 낮고 맨 아래 이미지는 전체 이미지의 거의 대부분을 보여주는 것임에도 0.52 수준의 확률을 보인다.

이렇듯 하나의 이미지를 여러 개의 조각으로 나눈 뒤 각기 다른 조합을 만들어 보여준 다음 확률을 계산해보면, 이미지 인식 모형이 전체 이미지 중에서 어떤 부분을 주로 고려하여 판단을 했는지 가늠할 수 있다. 이 설명 모델 예시에서는 개구리 얼굴 부분에 해당하는 부분을 가지고 주로 판단했다는 것을 알 수 있게 된다. 이 그림은 '설명'에 해당하는 이미지 부위를 별도로 보여주는 것이다. 이렇듯 주어진 이미지 중에서 구체적으로 어떤 부분이 설명력이 높은지 알 수 있게 해주는 것이 LIME이다. LIME은 이미지 이외의 인공지능 영역에서도 유사한 원리에 기초하여 활용될 수 있다.

빅데이터 인공지능 시대의 프라이버시

프라이버시의 중요성에 대해서 공감하지 않을 사람은 없다. 우리나라에서 개인정보 보호법이 만들어진 것이 2011년이다. 법제도적 맥락에서 프라이버시에 관한 논의가 이루어진 것은 1990년대부터였지만, 별도의 법을 통해 프라이버시의 중요성을 법제화한 것은 이제 불과 10년 정도밖에 되지 않았다. 하지만 짧은 기간에도 불구하고 이 법은 우리의 일상에 이미 매우 중요한 영향을 미치고 있다.

이 영역에 관한 논의에 앞서, 개인정보보호와 프라이버시는 어떤 관계인가 생각해보자. 이 두 용어의 관계에 대해서는 연구자들 사이에서도 일반적인 하나의 답이 마련되어 있지 않다. 두 개념 각각에 대해 따져보면, 어느 한 개념이 다른 개념에 온전하게 포섭되는 것으로 보기는 어렵다. 다만 개인정보보호를 강조하는 이유는 프라이버시의 보호가 주요 목적인 경우가 많다고 개략적으로 말할 수 있다.

실정법의 차원에서 보면 국내의 법 조항에 프라이버시라는 표현이 직접적으로 언급되지는 않고 있다. 개인정보보호법의 기본적인 얼개를 단순화하여 살펴보면, '개인정보'의 개념에 대해 정의한 뒤, 개인정보에 해당하는 정보에 대해서는 원칙적으로 당사자의 동의를 얻은 경우에만 수집하고 활용할 수 있도록 하는 구조다. 거꾸로 말하면, 개인정보가 아닌 종류의 정보에 대해서는 당사자의 동의 없이도 이용할 수 있는 것이다. 개인정보 보호법의 얼개 자체는 이처럼 상당히 간단하다. 하지만 이런 방식으로 '당사자 동의'에 초점이 맞춰진 개인정보 보호법의 구조가 프라이버시 보호를 위해서 효과적인 방식인지에 대해서는 여러 가지 질문이 있을 수 있다.

우선 '개인정보'가 어떤 정보인지에 대해 질문이 있을 수 있다. 법에서는 개인을 '알아볼 수' 있는 정보를 개인정보라고 부른다. 알아본다는 것은 '식별identification'을 의미한다고 흔히 해석한다. 결국 사람을 식별할 수 있게 해주는 유형의 정보에 대해서는 원칙적으로 동의를 구하고 나서 이용하도록 정한 것이 우리나라의 개인정보 보호법이다.

우리나라 법에서는 이처럼 식별이라는 개념을 기준으로 개인정보를 정의하고 있지만, 개인정보의 정의 방식은 나라마다 그리고 개별 법마다 차이가 있다. 우리나라 법에서 정한 방식과 유사하게 개념을 정하는 방식으로 정의하는 경우도 있고, 그와 달리 구체적으로 여러 항목을 나열한 뒤 이처럼 열거된 항목들에 해당하는 정보를 해당 법에서 정하는 개인정보인 것으로 규정하는 방식도 있다.

새로운 시대를 향한 '혼자 있을 권리'

프라이버시에 관한 현대적 논의의 출발로는 1890년에 《하버드 로 리뷰Havard Law Review》 학술지에 발표된 새뮤얼 워런Samuel Warren과 루이스 브랜다이스Louis Brandeis 공저의 논문이 꼽힌다.[21]

저자들은 「프라이버시 권리The Right to Privacy」라는 제목의 논문을 통해 새로이 프라이버시 권리를 인정해야 한다는 주장을 폈다. 프라이버시가 점차 중요해지고 있는데, 그에 대해 기존의 법제도가 제대로 보호해주지 못하고 있다는 판단 하에 프라이버시 보호가 별도의 권리로서 인식되고 인정되어야 한다는 것이 이들의 주장의 핵심이다.

그런데 프라이버시 보호를 한다는 것이 무엇을 의미하는가? 프라이버시는 간단히 요약해서 개념을 잡기가 쉽지 않다. 사실 프라이버시의 개념을 둘러싸고 학계에서는 지금까지 수많은 논의가 있었다. 프라이버시는 계속해서 변화하는 무빙 타깃moving target의 성격이 있어서, 이를 구체화하는 데에 추가적인 어려움이 있다. 무빙 타깃이란 시대가 바뀌고 사회가 바뀌면서 그 실질적인 의미가 계속해서 변화한다는 뜻이다.

프라이버시의 개념화에 있어 중요한 단초를 제공한 워런과 브랜다이스의 1890년 논문을 검토할 때에도 논문이 나오게 된 시대적 배경을 고려하는 것이 중요하다. 19세기 말은 프라이버시와 관련성이 있는 새로운 기술 개발이 활발하게 이루어진 시기다. 사진기가 개발되고 관련 기술이 발전하면서 그 이전까지는 크고 무거워 이동이 불가했던 것이, 그 무렵에는 들고 다닐 수 있는 수준으로 기술 발전이 이루어졌다. 이제 사진은 스튜디오에 사람이 찾아가서 찍는 게 아니라, 반대로 사람이 있는 곳에 카메라가 올 수도 있게 된 것이다. 그로 인해 여러 가지 사회적 변화가 나타나게 되었다. 무엇보다 누구도 카메라 세례로부터 자유로울 수 없게 되었다. 그와 동시에 사회적으로는 가십의 전파가 늘어나고 옐로 저널리즘yellow journalism이 본격적으로 등장하게 되었다.

새로운 기술 개발이 이루어지고 그와 함께 사회적 변화가 수반되는 것은, 오늘날 빅데이터 인공지능 시대를 맞이하면서 나타나는 변화와도 유사한 면이 있다. SNS가 활성화되면서 정보가 빠르게 전파되고, 그러면서 여러 사회적 논란이 발생하는 것도 유사하다. 19세기 말의 기술변화와 사회의 변화를 겪으면서 그 당시 저자들이 가진 문제의식이 '프라이버시 권리'에 관한 논의로 나타난 것이고, 그러한 문제의식은 현재도 유효하다. 그들의 논문에 담긴 다음과 같은 취지의 서술은 지금도 중요한 시사점을 준다. "예전에는 내가 집안의 구석진 곳에서 소곤소곤 얘기한 것은 한두 명이 듣고 끝나는 것이었는데, 이제는 집 꼭대기에서 큰 소리로 외친 것과 마찬가지가 되는 상황이 나타나고 있다."

새로운 기술을 매개로 발생하는 새로운 사회 현상에 대

한 문제의식을 저자들은 프라이버시 개념을 통해 체계화하고자 했고, 이 개념의 핵심적인 지표로 저자들은 '혼자 있을 권리right to be let alone'라는 표현을 사용하여 설명했다. 어찌 보면 프라이버시에 관한 논의는 혼자 있을 권리를 어떻게 재해석하고 새로이 응용할 것인지에 대한 반복적인 검토 과정이라고 생각할 수도 있다.

혼자 있을 권리 vs 숨길 게 없음

'혼자 있을 권리'로 규정된 프라이버시에 관한 논의가 등장한 이후 20세기 들어서도 개인정보보호에 관한 논의는 지속되었다. 특히 1970년대 접어들면서 프라이버시에 대한 관심이 크게 늘었는데, 그 배경에는 1960년대 이후로 커다란 발전을 이루게 된 컴퓨팅 기술이 있다. 즉 이 시기에 메인프레임 컴퓨터가 개발되면서 빠른 속도로 대용량 전산 처리를 하는 것이 가능해졌고, 그와 함께 프라이버시에 대한 사회적 우려와 관심 또한 커진 것이다. 이와 같은 시대적 흐름 속에서 미국과 유럽 국가들은 프라이버시를 보호하기 위한 제도적 고민을 본격화하게 되었다.

그런데 21세기 들어 빅데이터 인공지능의 시대가 되면

서 최근에는 이전의 시기와는 확연히 다른 수준에서 매우 광범위한 정보 수집이 가능해진 상황이다. 모바일 기기의 사용이 일상화되고 다양한 유형의 센서의 활용도가 커지면서, 정보수집이 이루어질 수 있는 경로와 방식 또한 늘어나고 있다. 정보수집은 수사기관이나 정보기관을 포함하여 국가가 개인이나 민간을 대상으로 하게 되는 것도 있고, 기업이 이용자들을 상대로 하는 정보수집도 있다. 두 가지 모두 조심스럽게 바라볼 측면이 있다.

가장 기본적으로 프라이버시는 '혼자 있을 권리'에서 출발하는 것이고, 개인 입장에서는 '누군가가 나에 대해 알아보려 하는 것'에 대해 일정 수준의 거리를 두거나 거부하는 것에 관한 것이다. 그런데 이렇게 프라이버시를 주장하는 것에 대해, '뭔가 숨기고 싶은 게 있는 것 아니야?'라고 하면서 '숨길 것이 없는 떳떳한 사람이라면 프라이버시에 대해 그렇게까지 강조하지 않아도 될 텐데?'라는 질문을 던질 수도 있다. 이런 시각은, 만일 숨길 것이 없다면 프라이버시 문제 자체가 존재하지 않거나 매우 제한적으로만 존재할 것이라는 입장과 이어지는 것이다.

예를 들어, 어떤 사람의 SNS 기록을 체크하여 그 사람이 특정 식당에서 식사를 한 것 또는 특정 웹사이트를 방문한 것에 관해 파악하는 것이 가능하다고 가정하자. 이에 대해, 개인에 따라서는 "그래서 뭐가 문제야?", "난 그로 인해 딱히 불이익을 입지 않았어. 누가 내게 묻는다면 난 기꺼이 내가 어디서 식사를 하는지 말해줄 수 있어. 난 숨길 게 없어"라고 대답할 수 있다. 이런 생각의 흐름으로부터 프라이버시가 중요하긴 하지만 그렇게까지 중요한 것은 아니라는 생각이 등장한다. 이런 시각을 어떻게 바라볼 것인가?

누구에게나 숨기고 싶은 것은 있다

프라이버시라는 개념을 통해 과연 무엇을 보호하고자 하는 것인지 생각해보자. 우선 사람이라면 누구에게나 숨기고 싶은 비밀이 있기 마련이다. 또는 가까운 사람들 사이에서만 제한적으로 공유하고 싶은 비밀도 있을 수 있다. 숨길 게 없으면 자신만을 위한 일기장 같은 것을 쓰지도 않을 것이고, 페이스북에 글을 쓰더라도 친구 공개가 아닌 일반 공개로 할 것이다. 그런데 현실은 어떠한가. 페이스북 포스팅을 친구 공개 또는 선별적으로 소수에게만 공개하기도 하고, 아니면 일기 쓰듯이 자신에게만 공개하는 경우도 있다. 이처럼 누구에게나 공개하고 싶지 않은 비밀은 있는 법이다.

사실 '프라이버시 = 숨김'이라는 시각 자체가 그릇된 프레임이다. 프라이버시 개념을 뭔가 숨기고 싶어 하는 것으로 해석하게 되면, 개개인에 대해 호기심을 가지고 적극적으로 정보를 수집하고 싶어하는 입장과 그 반대로 정보를 지켜내고 싶어 하는 입장 사이의 대결구조로 상황을 바라보기 쉽다. 그런 식으로 쫓고 쫓기는 게임의 구도가 형성되면 정말 피곤한 세상이 될 수밖에 없다. 또한 어느 만큼의 정보수집을 허용할 것인지를 둘러싸고 답이 없는 지리한 공방이 무한반복될 가능성도 있다.

프라이버시가 없이 누군가로부터의 지속적인 모니터링이나 감시의 대상이 될 경우에 나타날 수 있는 가장 큰 문제는 민주사회의 기본원칙이 훼손될 가능성에 있다. 즉 프라이버시 보호가 충분치 않다는 인식이 생기면 이로부터 개인의 표현이나 행동에 상당한 위축효과chilling effects가 발생하게 된다. 예를 들어, 국가건 거대 기업이건 누군가 인터넷 공간에서 나에 관한 세밀한 정보를 수집하고 있고 이러한 정보가 내 이익에 반하는 형태로 이용될지도 모른다는 의혹이 생기면 인터넷 안에서의 나의 일거수일투족에 대해 각별히 조심하자는 태도가 발생할 수 있는 것이다.

지나친 정보수집이나 무분별한 정보수집은 그 자체로도 문제일 수 있지만, 나아가 사회적으로는 대다수 개인이 무기력함powerlessness, vulnerability을 느끼는 문제를 일으킬 수 있다. 거대한 시스템 안에서 개인이 실질적으로 할 수 있는 것이 거의 없다고 판단하면 그로부터 무기력함을 느끼게 되는 것은 당연하다. 또한 이는 민주사회의 기본적인 구성 원리를 훼손하는 것이 될 수 있다. 이런 점에서 프라이버시를 단순히 '무언가를 숨기는 것'이라고 바라보는 것은 매우 단편적인 시각이다.

디지털 공간에서 우리가 '무기력'한 이유 3가지

인공지능 빅데이터 시대의 프라이버시를 어떻게 바라볼 것인가?[22] 개인 입장에서 무기력함을 느끼게 되는 메커니즘 하나는 매우 단편적인 정보의 조각들이 합쳐지고 난 뒤 aggregation 의미가 드러나게 될 가능성과 관련이 있다. 인터넷을 통한 개인의 활동에 관한 개별 데이터는 그 자체로는 별다른 의미가 없는 경우가 많다. 유명인이 아닌 한, 특정인이 어느 날 점심시간에 어떤 식당을 갔는지에 관한 정보가 그 자체로 무슨 의미가 있는가? 하지만 그런 정보들이 모이고 나면 상당한 의미를 가질 수 있다. 개인의 식생활 습관이나 음식 선호가 밝혀질 수도 있고 이동 경로가 파악될 수도 있다. 또한 다른 누군가와 같은 공간에 있었는지 밝혀질 수도 있다.

개인들이 무기력함을 느끼는 또 다른 원인은 배제exclusion에 관한 염려다. 인터넷 활동을 하다보면 광고를 접하게 된다. 인터넷을 통해 접하게 되는 광고는 무작위로 노출되는 광고가 아니라 맞춤형 광고인 경우가 많은데, 그렇다면 특정 광고를 접하면서 '다른 사람들에게도 유사한 광고가 뜰까?' 하는 질문을 할 수 있다. 그와 동시에, '혹시 내 주변의 다른 사람들에게 뜨는 할인 광고가 나에게만 안 보이는 것은 아닌가?' 하는 질문이 생길 수도 있다. 인터넷 공간에서 혹시 나에게만 맞춤형으로 특정 콘텐츠나 광고가 보이는 것은 아닌지에 관한 질문이 생길 수도 있고, 반대로 특정 유형의 콘텐츠나 광고로부터 내가 배제되는 것은 아닌지에 관한 질문 또한 생길 수 있는 것이다. 어떤 식이건, 이용자 개인이 선호할 법한 것으로부터 배제되거나 더 불리한 조건에 노출될 가능성이 있다는 판단이 들면, 그로부터 불안감과 무기력함을 느낄 수 있다.

무기력함의 세 번째 원인은 '2차적 활용secondary use'이다. 정보의 2차적 활용은, 당초 정보를 수집하게 된 주된 목적과는 다른 목적으로 정보를 활용하게 되는 것을 말한다. 정보의 2차적 활용을 흔하게 볼 수 있는 곳에는 병원이 포함된다. 진단과 치료 목적으로 환자에 관한 정보가 수집되지만, 그로부터 추가적인 분석을 위해서 정보가 활용될 수도 있기 때문이다. 그리고 이러한 추가적인 분석을 통해 유용한 결과가 도출되면, 그러한 분석 결과는 향후의 진단과 치료 과정에서 활용될 수 있는 선순환 구조가 마련될 수도 있다. 정보의 2차적 활용은 의료 영역을 넘어 정보가 수집되는 거의 모든 영역에서 생각해 볼 수 있다. 이 중 일부의 경우에는 당사자 개인이 원하지 않는 방향으로 정보가 활용될 가능성도 있다. 개인의 입장에서는 정보의 2차적 활용이 어떻게 진행되는지에 관해 파악이 쉽지 않을 수도 있는데, 그런 경우에 정보의 2차적 활용이 불안감을 야기할 수 있다. 빅데이터 인공지능 시대에는 이와 관련한 불안감이 늘어날 가능성이 있다.

또 다른 측면에서 프라이버시의 문제를 보자. 프라이버시는 그 본질적인 성격상 침해를 밝히기 어려운 경우가 많다. 또한 프라이버시 침해로 인해 발생하는 피해는 가시적이지 않은 경우가 많고, 심리적이거나 정신적인 피해 위주인 경우가 적지 않다. 이런 상황을 배경으로 하여, '도대체 어떤 피해가 있는 거냐?'라는 반문을 하면서 프라이버시에 대한 관심이 필요 이상으로 과장된 것이라 생각하는 것도 가능하다.

이와 대비하여 담배의 경우를 보자. 담뱃갑 표지에는 '폐암에 걸릴 수 있다'는 경고 문구와 함께 보기에 매우 불편한 사진이 있다. 담배를 많이 피우면 어떤 문제가 발생할 수 있는지에 대한 경고를 매우 자극적인 시각적 방식으로 표현한 것이다. 그런데 프라이버시에 대해서는 그처럼 가시적이고 자극적인 형태로 침해를 표현하는 것이 어렵다. 개인정보가 유출되어 내 의사와 상관없이 사용되었다고 해도 그로 인해서 내가 어떤 피해를 입는 것인지 정확히 파악하는 것 자체가 쉽지 않을뿐더러, 피해를 가시화하여 보여주는 것도 어려운 것이 보통이다.

개인정보의 불법적 유출이나 프라이버시 침해로 인한 불안감은 대부분의 경우에 주관적인 것이고, 불안감의 정도 또한 개인에 따라 상당한 차이가 있다. 이처럼 프라이버시 침해로 인한 피해라는 것이 추상적이고 주관적인 요소가 크기 때문에 제3자의 시각에서는 이를 과소평가하는 경향이 나타나기 쉽다. 요컨대 자동차 사고로 인한 인명피해는 지속적으로 나타나지만, 프라이버시 침해로 인해 인명피해가 발생하는 상황은 쉽게 생각하기 어렵다. 이처럼 가시적 피해가 적기 때문에 프라이버시 침해로 인한 피해는 과소평가될 가능성이 있다.

개인이 결코 알 수 없는 '프라이버시 리스크'

프라이버시 문제에서 또한 생각해야 하는 것이 프라이버시 리스크를 평가하기가 어렵다는 것이다. 무엇보다 미래의 개인정보 활용에 대해 파악하기가 어렵다. 나에 관해서 수집된 정보가 나중에 어떤 용도로 쓰이게 될지 알 수 없는 경우가 적지 않다. 나의 동의를 받아서 수집하는 정보가 즉각적으로 또는 가까운 장래에 무슨 용도로 쓰는지는 상대적으로 명확할 수 있지만, 정보가 일단 수집되고 난 뒤 1년 또는 그 이상의 시간이 지난 시점에 정확히 어떻게 쓰일지에 대해서는 파악이 쉽지 않은 것이 일상적이다. 특히 개개인은 개인정보가 결합되거나 축적된 후에 어떤 영향이 나타날 수 있을지 파악하기 어렵다. 법적으로는 당초 동의를 받는 시점에 제시된 목적의 범위 내에서 정보를 이용해야 하고, 해당 정보가 불필요해지면 파기를 하는 것이 원칙이다. 하지만 그러한 법적 원칙에도 불구하고 개인의 입장에서는 불안감을 느낄 수 있다.

이와 별개로, 정보의 제공을 통해 받게 되는 편익이나 혜택은 명확한 반면, 그 과정에서 발생할 수도 있는 프라이버시 리스크는 추상적이고 애매하며 불확실한 경우가 많다. 휴대폰에서 앱을 다운로드할 때 개인정보 취급방침에 대해 동의를 하지만, 실제로 개인정보 취급방침을 꼼꼼하게 읽어보는 사람은 거의 없을 것이다. 인터넷을 이용할 때 동의 창을 클릭해야만 다음 단계로 진행이 되는 상황에서, 무의식적으로 동의 창을 클릭하는 것이 일반적일 것이다. 일단 동의를 하는 것이 어쩌면 개개인 입장에서는 합리적인 것일 수 있다. 프라이버시 측면에서 어떤 불안 요소가 있는지에 관해서 어차피 개인 입장에서는 구체화하여 파악하는 것에 한계가 있기 때문이다. 또한 구체화하여 파악하더라도, 그에 대해 개인 차원에서 대안이나 대책을 마련하기도 어렵다.

그래서 동의제도에 대한 개선이 필요하다는 논의가 반복적으로 나타난다. 논의가 반복적으로 나타난다는 것은, 현 상황이 만족스럽지 않다는 뜻이기도 하지만, 그와 동시에 만족스러운 대안을 찾기가 쉽지 않다는 뜻이기도 하다. 개인정보의 수집과 관련한 핵심적인 의사결정에 대해, 주로 정보 주체 개인의 의사결정에 맡기는 방향으로 갈 것인지, 정보를 수집하는 회사나 기관이 상대적으로 많은 책임을 지도록 하는 구조를 마련할 것인지, 그게 아니면 제3의 전문가나 '수탁자' 등의 개념을 활용하는 새로운 구조를 만들 것인지를 둘러싸고 논란이 주기적으로 나타나고 있다. 빅데이터 인공지능 시대를 맞아 프라이버시 리스크를 최소화하기 위한 사회적 고민은 계속해서 더 늘어날 수밖에 없다.

알고리즘과 데이터를 모두 공개하는
것에 대한 논란은?

인공지능의 투명성 확보를 위해서는 알고리즘을
공개해야 한다는 주장이 주기적으로 제기된다.
이러한 주장의 정당성과 현실성을 둘러싼 논란도
주기적으로 벌어진다. 논란이 발생하는 이유 중
의 하나는, 알고리즘을 공개한다는 것이 무엇을
의미하는지 자체에 대해 일반적으로 합의된 개념
이 없기 때문이다. 알고리즘의 개괄적인 작동 원
리나 주요 변수패러미터 정도를 염두에 두고 알고리

즘이라 언급하는 경우도 있고, 알고리즘이 담긴 소프트웨어 코드소스코드를 지칭하는 경우도 있다.

구체적으로 어떤 것을 지칭하는지에 따라서 '알고리즘 공개'의 현실적 의미는 크게 달라질 수 있다. 개괄적인 작동 원리나 주요 변수를 통해서는, 상세한 내역이나 개별 의사결정에 대해 파악하는 데에 한계가 있다. 한편, 소프트웨어 코드는 인공지능 기업의 경쟁력의 핵심 원천인 영업비밀에 해당될 수 있어서, 이를 공개하도록 요구하는 것이 부당하게 받아들여질 수 있다. 또한 설사 소프트웨어 코드가 있다고 해도 이를 실행할 수 있게 해주는 데이터가 함께 제공되지 않는다면, 알고리즘이 실제로 어떻게 작동하는지에 대한 파악이나 기존 결과에 대한 검증이 어려운 것이 보통이어서, 그로 인한 한계도 있다.

최근 개발되는 인공지능을 종종 블랙박스라고 부르기도 한다. 블랙박스 인공지능이 무엇을 의미하는지에 대해 명확한 정의가 있는 것은 아니다. 근래의 인공지능과 관련하여, 입력값과 결과값은 알 수 있을지라도 결과값이 도출되는 인공지능의 내부적인 과정은 파악하기 어려운 경우가 많다는 뜻으로 흔히 블랙박스라는 표현이 이용된다. 이는 인공지능이 투명하지 않다는 취지로 이해될 수 있다.

최근의 인공지능에 비해 과거의 인공지능은 상대적으로 그 작동방식이 투명하다. 가장 투명성이 높은 유형의 인공지능으로 의사결정나무decision tree 방식을 들 수 있다. 그 반대로 최근에 활용도가 높아진 딥러닝deep learning 인공지능은 투명성이 낮다. 대체적으로는 투명성이 높은 인공지능은 성능지표가 좋지 않고, 그 반대로 성능지표가 좋은 유형의 인공지능은 투명성이 낮다는 특징이 있다. 설명가능 인공지능explainable AI을 개발하기 위한 노력을 비롯하여, 투명성이 낮은 블랙박스 인공지능이 가지는 한계를 줄여가기 위한 노력이 지속되고 있다.

표현의 자유는 민주주의를 지탱하는 중요한 근간의 하나다. 사회구성원들이 각기 자신의 생각을 자유롭게 표현할 수 있어야 민주주의가 뿌리를 내릴 수 있기 때문이다. 표현의 자유가 확보되기 위해서는 역설적이게도 프라이버시의 보호가 충분히 제공되어야 한다.

프라이버시의 보호가 충분히 제공되지 않는 사회에서는 사회구성원들이 자신의 생각을 자유롭게 표현하기 어렵게 된다. 예를 들어, 소셜미디어에 쓰는 글에 대해 권력기관이 직접 또는 간접적

으로 지켜볼 가능성이 있다면, 이용자들은 소셜
미디어의 이용 자체에 대해 상당히 조심스러운 태
도를 가질 수 있다. 이를 위축효과라 부른다. 위축
효과는 그 자체로 커다란 사회적 문제가 되지만,
더 큰 문제로 이어질 수도 있다. 단순한 침묵을 넘
어, 사회구성원들이 국가나 사회가 기대하는 순
응적 내용 위주로 소셜미디어를 이용하게 되는 순
응효과conformity가 나타날 수 있기 때문이다. 위축
효과와 순응효과가 크게 나타나면 민주주의의 근
간이 흔들리게 될 수 있다.

4부

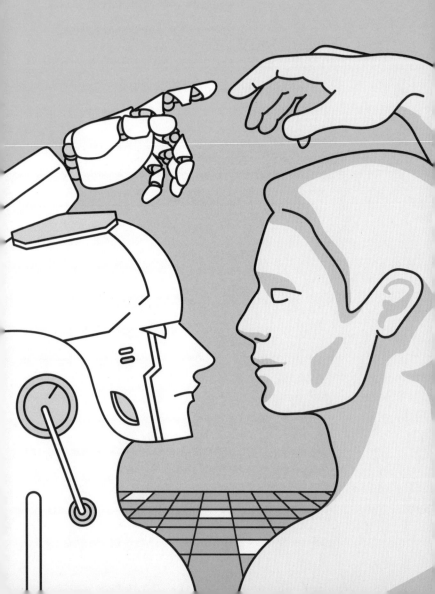

인공지능이 인간에게,

정의와 윤리를 묻다

인공지능 윤리 문제에서의 핵심은 '신뢰할 수 있는 인공지능'이다. 사회 구성원들이 인공지능을 신뢰해야 기술 개발이 의미를 가지게 되고, 일상생활에 좀 더 유익하게 활용될 수 있기 때문이다. '신뢰'는 사회를 지탱해 주는 중요한 기둥으로서의 역할을 한다. 인공지능과 관련해서도 신뢰는 매우 중요하다. 인공지능 기술이 아직은 충분히 성숙하지 않은 기술이기에 신뢰를 구축하는 것은 더욱 중요하다. 바야흐로 우리 사회는 신뢰 없이는 아무것도 이룰 수 없는 사회가 된 것이다.

인공지능 윤리 논의,
무엇을 담고 있나

설명과 소통이 필요한 인공지능의 '책임'

최근 몇 년 사이에 국내외적으로 '인공지능 윤리'가 중요한 사회적인 화두로 부각했다. '윤리'라는 말이 자칫 딱딱하고 무겁게 들릴 수도 있지만, 인공지능이 본격적으로 도입되면서 일상의 일부분이 되어가는 상황에서 인공지능 윤리에 관한 관심이 커지는 것은 당연한 일이다.

구체적으로는 지난 몇 년 동안 세계 여러 곳에서 인공지능 윤리원칙을 발표하고 이를 이행하기 위한 다양한 후속 작업을 진행해왔다. 윤리원칙을 발표한 곳도 국가기관, 국제기구, 기업, 연구자 그룹 등 매우 다양하다. 예를 들어, OECD에서는 2019년에 인공지능 원칙을 발표하기도 했고, 국내외의 주요 IT 기업들 또한 개별 기업 차원의 원칙을 발표했다. 인공지능 윤리에 관한 논의에 있어 '공정성' 개념은 핵심 영역 중 하나인데, 근래에는 '공정한 머신러닝 Fair Machine Learning'이라는 연구 영역이 급속도로 발전하고 있기도 하다. 이 연구 영역에는 철학, 윤리학, 법학 등 규범적 연구에 익숙한 연구자들은 물론 컴퓨터공학이나 통계학과 같이 전통적으로는 규범적 연구를 많이 해오지 않던 연구자들이 적극적으로 참여하여, 수많은 연구성과가 쏟아져 나오고 있다.

그렇다면 인공지능 윤리에 관해 실제로 어떤 논의가 이루어지고 있는지 살펴보기로 하자. 인공지능 윤리 규범에 관한 논의가 이루어지는 배경 이유 중 하나는, 이러한 논의를 통해 인공지능 기술이 필요에 따라 적절한 '책임'을 지도록 하는 것에 있다. 그런데 인공지능 윤리의 맥락에서 책임의 의미로 주로 이용되는 영어 단어는 'accountability'이다. 이는 민사나 형사 등 법적 책임을 의미하는 'liability'보다 훨씬 더 넓은 개념이다. 법적인 함의 없이 일상적으로 가장 널리 이용되는 'responsibility'와도 구분되는 개념이다. accountability는 우리말로 표현할 때 '책임'이라 하기도 하고, '책무' 또는 '설명책임'이라 하기도 한다. 이 용어를 쓸 때는 일반적인 의미의 책임에 비해 설명하고 소명하는 것이 더욱 강조된다. 설명을 통해 적극적인 소통을 하고 이해를 구하는 측면이 강조되는 것이다. accountability 개념을 강조하는 것은, 아직 우리 사회가 인공지능의 본격적 도입에 대해 충분한 수준의 이해나 신뢰를 구축하지는 못한 상황이라는 것을 반영하는 면도 있다.

얼마나, 어떻게 투명해야 하는 걸까?

인공지능 윤리에 관한 논의에서 많이 강조되는 또 하나의 원칙은 '투명성'이다. 인공지능과 무관하게 일반적이고 추상적인 원칙으로서의 투명성은 대부분의 상황에서 필요하고 바람직한 원칙인 것으로 인식된다. 그리고 그 연장에서 인공지능 맥락에서의 투명성 또한 바람직한 것으로 흔히 언급된다. 여기서 인공지능의 투명성을 담보해주는 중요한 방식이 앞에서 본 '설명가능성'이다.

설명가능성에 대해서는 앞으로도 매우 다양한 논의가 진행될 필요가 있다. 공학적인 방법론에 대해서도 더 많은 연구가 필요할뿐더러, 사회적인 차원에서는 무엇을 어떻게 설명해야 할 것인지에 대한 논의도 필요하다. 개별 영역이나 맥락에 따라 어떤 유형의 설명을 제공해야 효과적일지, 개인에 따라 차별화된 설명이 필요한지 등 설명가능성 개념을 더 구체화하고 실무적으로 적용하는 과정에서 논의되어야 하는 사항들이 산적해 있다.

인공지능 투명성의 맥락에서 설명가능성과는 별도로 종종 언급되는 것은 알고리즘에 대한 투명성 요구다. 이는 알고리즘의 '공개' 요구로 나타나기도 한다. 이에 관해서도 많은 과제가 산적해 있다. 우선 상용화된 복잡한 알고리즘은 알고리즘을 검토하는 것만으로는 전체적인 작동 메커니즘이나 작동의 결과에 대해 정확히 가늠할 수 없는 경우가 많다. 검증을 위해서는 관련 데이터도 함께 확보하여 알고리즘을 통해 프로그램을 실행하는 것이 필요할 수도 있다. 한편, 알고리즘을 공개하는 것은 기업의 영업비밀을 노출하는 것이 될 수도 있어서 법제도상의 어려움도 있다. 이런 어려움을 고려하여, 소스 코드 자체를 공개하는 것이 아니라 전체적인 얼개를 밝히도록 하는 것이 현실적이라는 입장도 있다. 다만 그 경우에도 얼마나 구체적인 수준의 정보 공개가 적절한지를 두고 매우 다양한 입장이 있을 수 있다. 현재는 이와 같은 논의가 구체화되거나 본격화된 상황이라기보다는 추상적인 차원의 주장이 나타나고 있는 단계라고 할 수 있다.

인공지능과 법인격

인공지능과 관련된 법적 이슈들을 논의할 때 종종 언급되는 것이 인공지능에게 법인격을 부여할 것인지에 대한 문제다. 이는 법률가들에게는 상상력을 자극하는 것이기도 하다. 유럽연합 의회가 2017년에 낸 결의안에는 '전자인 electronic persons'이라는 표현이 등장하기도 했다. 이 결의안은 인공지능에 대해 법인격 혹은 그와 유사한 개념을 적용하는 것에 관해 좀 더 진지하게 고민할 필요가 있다는 메시지로 받아들여지기도 했다.

근본적인 철학적인 관점에서는 법인격에 관한 논의는 인공지능에게 자율성이 있는지에 관한 논의로 쉽게 확장된다. 이는 인공지능을 어떤 존재로 받아들일 것인지, 그리고 인간과 인공지능의 관계를 어떻게 설정할 것인지에 관한 문제로 이어진다. 이러한 논의는 이론적으로는 매우 중요한 것이지만 동시에 현재의 기술 수준을 전제로 하면 그

다지 현실적이지 않은 것이기도 하다.

좀 더 현실적인 차원에서의 법인격에 관한 논의는 법적 책임의 문제와 맞닿아 있다. 즉 인공지능과 관련한 사고가 발생하여, 누가 어떤 책임을 부담해야 하는지에 관해 따져 봐야 할 때 법인격 개념이 있는 게 도움이 될 것인지에 관한 문제다. 법인격 논의의 맥락에서의 인공지능은 주로 로봇 등 하드웨어를 통해 구현되는 것을 전제하게 된다. 이런 유형의 인공지능에 법인격이 부여되는 것이 법적 책임에 관한 문제의 해결에 도움이 될 것인지 생각해보자.

문제를 단순화시켜서 직관적으로 생각해보면, 인공지능에 법인격을 부여하면 문제 상황이 발생할 때 인공지능이 탑재된 기계 하나만 폐기하면 되는 것 아니냐는 반응이 있을 수 있다. 그런데 그렇게 될 경우, 인공지능이 탑재된 로봇이나 기계를 각각의 법인으로 만드는 방식이 오히려 책임을 회피하는 용도로 쓰이게 될 수 있다는 우려가 나타날 수 있다.

한편, 문제가 발생할 때 해당 로봇이나 기계를 폐기하더라도 당초에 문제를 야기한 계기가 된 알고리즘이나 관련 데이터는 계속 남아 있는 것이 아닌가 하는 질문도 제기될 수 있다. 이처럼 실무적인 차원에서는 법인격 부여와 관련된 질문은 계속해서 제기될 수 있고, 인공지능 맥락에서의 법인격 개념에 대한 현실적 유용성에 대해서도 질문이 계속 나타날 수 있다.

인공지능 윤리, 주요 원칙들

인공지능 윤리 원칙에는 구체적으로 어떤 내용이 담기게 되는지 살펴보자. 국내외 여러 곳에서 지금까지 발표한 인공지능 윤리 원칙은 그 숫자를 정확히 파악하기 어렵지만 최소 100개 이상이다. 그 몇 배 수준일 수도 있다. 그중 2019년에 발표된 한 논문을 통해 정리된 내용을 보자.[23] 저자들은 그때까지 발표된 인공지능 윤리원칙 중 84개에 대해 그 안에 어떤 내용이 담겨 있는지 정리했다.

이 논문에 따르면, 다양한 원칙 중에서 가장 여러 차례 나타나는 것은 '투명성'의 원칙이다. 84개 중 73개의 문서에서 투명성이 강조되고 있다고 한다. 그다음으로 많이 강조된 것이 '정의와 공정성justice and fairness'이고(84 중에서 68), 세 번째는 '해악 금지non-maleficence'다(84 중에서 60). 예를 들어, 챗봇이 개발될 때 사회적 해악이 담긴 대화를 생성하지

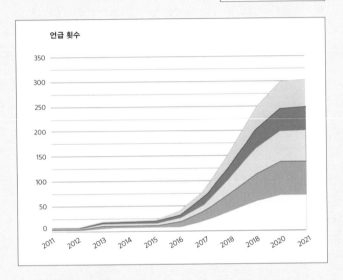

SAPI AI윤리 원칙 인덱스

않도록 한다는 것이 세 번째 원칙에 포함될 수 있다.

다음으로는 '책임responsibility'(84 중에서 60)과 '프라이버시'가 있고(84 중에서 47), '혜택beneficence'이 그 다음이다(84 중에서 41). 그 이외에 '자유와 자율freedom and autonomy', '신뢰trust', '유지가능성sustainability', '존엄성dignity', '연대solidarity'가 중요한 원칙으로 제시되어 있다.

옆의 그래프는 근래 몇 년 동안에 발표된 주요 인공지능 윤리원칙 중에서 주요 원칙이 어떤 것인지를 보여주는 또 다른 자료다.[24] 앞에서 언급한 논문에서 정리한 것과 대체로 유사한 결과를 볼 수 있다. 즉, 가장 흔히 강조되는 원칙 5가지 유형을 추려내면, ① 공정성, 차별금지, 포용성, ② 책무성, 책임성, 감사가능성, ③ 투명성, 설명가능성, ④ 프라이버시, ⑤ 안전성, 견고성, 신뢰성을 들 수 있다.

신뢰할 수 있는 인공지능이 핵심

다양한 윤리 원칙 중에서 개별 작업에 관해 살펴보면, 그중 주목할 만한 것으로 유럽연합EU에서 진행된 논의를 들 수 있다. 유럽연합은 2018년에 인공지능 관련 고위전문가그룹AI HLEG, High Level Expert Group on Artificial Intelligence을 만들어, 유럽연합 차원에서 인공지능을 어떻게 바라볼 것인가에 관한 청사진을 마련하도록 했다. 이 전문가 그룹의 첫 번째 성과 중 하나가 인공지능 윤리에 관한 가이드라인을 마련하여 발표한 것이다.

2019년에 최종 발표된 가이드라인은 '신뢰할 수 있는 인공지능을 위한 윤리 가이드라인Ethics Guidelines for Trustworthy Artificial Intelligence'이다. 인공지능과 관련된 사회적 신뢰도 확보가 중요하고, 이를 위해 윤리 가이드라인이 필요하다는 것이 이 작업의 대전제다. 이 가이드라인은 합법성lawful, 윤리성ethical, 기술적·사회적 견고성robust의 3가지 대원칙을 담고 있다. 그리고 이를 위한 7가지 요건이 제시되어 있다.

이 전문가그룹은 인공지능 윤리에 관한 가이드라인 마련에 이어 두 번째 작업으로 '인공지능을 위한 정책과 투자에 관한 권고안Policy and investment recommendations for trustworthy Artificial Intelligence'을 마련하는 작업을 했다. 우선 윤리 원칙을 정립하고, 그 다음에 투자와 개발을 위한 정책의 원칙을 잡아간 순서 자체가 중대한 상징성을 갖는다고 할 수 있다.

OECD에서도 인공지능 윤리에 관한 작업이 진행되었다. OECD에서의 논의는 2019년에 권고recommendation 문서의 형태로 정리되었다. OECD 권고는, '신뢰할 수 있는 인공지능을 만들기 위한 기본원칙Principles for responsible stewardship of trustworthy AI' 및 '신뢰할 수 있는 인공지능을 위한 국가 정책과 국제 공조National policies and international co-operation for trustworthy AI'라는 두 부분으로 구성되어 있다. 즉 앞부분에서 인공지능 윤리의 원칙들을 제시한 뒤, 뒷부분에서는 개별 정부의 정책 및 정부 사이의 협의와 공조에 관한 내용을 담고 있는 구성이다.

OECD 권고에 담긴 인공지능 원칙을 보자. 신뢰할 수 있는 인공지능을 만들기 위한 기본 원칙 5가지가 제시되어 있는데, 먼저 포용적 성장, 지속가능한 개발 및 웰빙Inclusive growth, sustainable development and well-being이 있고, 두 번째는 인간 중심의 가치 및 공정성Human-centred values and fairness, 세 번째는 투명성 및 설명가능성Transparency and explainability이다. 그리고 네 번째는 견고성, 보안 및 안전Robustness, security and safety, 다섯 번째는 책임성Accountability이다.

OECD 권고의 두 번째 부분은 국가 정책과 국제 공조에 대한 것이다. 인공지능 연구 개발을 어떻게 할 것인지, 관련 생태계를 어떻게 구축할 것인지, 그리고 이와 관련해 국제 공조를 어떻게 할 것인지 등에 관한 내용이 담겨 있다. OECD의 작업은 사후 보고 및 감독에 관한 절차 또한 마련하고 있다. OECD에서의 논의가 피상적이고 일반적인 원칙의 제시에 그치지 않도록, 개별 국가에서 이 원칙을 어떻게 반영해서 추진했는지에 대해 사후 보고를 하도록 하고, 필요하면 감독이 가능하도록 하는 절차를 마련한 것이다.

우리나라의 인공지능 윤리헌장

우리나라에서도 최근 몇 년 사이 인공지능에 대한 관심이 본격화되면서 여러 논의가 이루어졌다. 그 중 첫 작업 중 하나는 2018년에 발표된 '지능정보사회 윤리 가이드라인'이다. 이 가이드라인에는 4가지 원칙이 담겨 있다. 공공성 publicness, 책무성accountability, 통제성controllability, 투명성transparency 이다. 이를 'P.A.C.T.'라는 이니셜로 표시할 수 있다.

그 후 2019년에는 방송통신위원회에서 '이용자 중심의

지능정보사회를 위한 원칙'을 발표했다. 주요 원칙으로, 사람 중심 서비스 제공, 투명성과 설명가능성, 책임성, 안전성, 차별금지, 참여, 프라이버시와 데이터 거버넌스, 이용자 보호를 위한 공동의 노력이 제시되어 있다.

그리고 2020년 12월에는 과학기술정보통신부에서 '인공지능 윤리 기준'을 발표했다. 이 기준은 정부, 공공기관, 기업, 이용자를 포함한 사회구성원들이 인공지능의 개발에서 활용에 이르는 전 단계에서 지켜야 할 주요 원칙과 핵심 요건을 제시하기 위한 목적으로 마련된 것이다. 이 기준은 3대 기본원칙으로 인간 존엄성, 사회의 공공선, 기술의 합목적성을 제시하고, 이를 위한 10대 핵심 요건을 구체화하여 담아냈다.

공공 영역에서의 논의 이외에, 기업들도 인공지능 윤리에 관해 많은 고민을 하고 있다. 몇몇 기업은 이를 구체화하여 윤리헌장이나 윤리원칙의 형태로 발표했다. 예를 들어, 카카오는 2018년에 5가지 원칙을 담아서 알고리즘 윤리헌장을 발표한 바 있다. 기본원칙, 차별금지, 학습 데이터, 알고리즘 독립성, 설명가능성 항목으로 구성된 것이다. 여기에, 2019년에는 포용성 원칙을, 2020년에는 아동 및 청소년에 대한 보호 원칙을 각각 추가하여 현재 7가지 원칙이 담겨 있다.

또한 삼성전자에서는 2019년에 공정성, 투명성, 책임성을 기반으로 한 인공지능 윤리 핵심원칙을 발표한 바 있다. 2021년 들어서는 네이버에서 인공지능 윤리준칙을 마련하여 발표했다. 사람을 위한 인공지능 개발, 다양성의 존중, 합리적인 설명과 편리성의 조화, 안전을 고려한 서비스 설계, 프라이버시 보호와 정보 보안의 5개 항목으로 구성되어 있다. SK텔레콤에서도 2021년 5월에 인공지능 원칙을 발표했다. 사람 중심의 인공지능을 슬로건으로 하여, 사회적 가치, 무해성, 기술 안정성, 공정성, 투명성, 사생활 보호, 지속혁신이라는 7개 가치를 담고 있다. 그 이외의 몇몇 기업들에서도 인공지능 윤리원칙을 마련했거나 마련 중인 것으로 알려져 있다.

이들 윤리 원칙들은 대체로 짧고 추상적인 내용을 담고 있다. 원칙을 제시하는 것 자체가 중요한 의미가 있기는 하지만, 그보다 더 중요한 것은 이 원칙들을 개발 현장에서, 그리고 상용화 과정에서 어떻게 해석하고 적용할 것이냐 하는 점이다. 그런 점에서, 국내외에서의 인공지능 윤리 원칙에 관한 논의는 아직은 전반적으로 초기 단계라고 할 수 있다. 실무 사례가 충분히 마련될 필요가 있고, 그러면서 경험과 노하우가 지속적으로 축적되는 과정이 필요하다.

인간이 학습하듯,
인공지능도 학습한다

모든 '그룹화'는 차별인 걸까?

인공지능 윤리에 관한 논의에 집중하다 보면 자칫 놓칠 수 있는 측면이 인공지능의 사회적 유용성이다. 인공지능을 통해 나타날 수 있는 문제의 가능성에 집중해서 경계심을 가질 수는 있지만, 사실 인공지능은 우리에게 매우 유용한 도구다. 인공지능은 우리 삶을 더욱 편리하고 윤택하게 만드는 데 중요한 역할을 한다. 인공지능 알고리즘의 사회적 유용성이 어떻게 발현될 수 있는지 살펴보자.

인공지능 기능의 실질적 핵심 하나는 그룹화grouping에 있다고 할 수 있다. 인공지능 기술은 현실적으로 지도학습 방식을 흔히 이용하게 되는데, 지도학습에서 가장 일반적으로 쓰이는 용도가 분류classification다. 그리고 비지도 학습의 경우에는 주로 군집clustering이 이용된다. 어느 쪽이든 넓게 보면 데이터에 기초하여 일반화를 하고, 이로부터 그룹을 만들어서 판단한다는 것이 핵심이다.

그렇다면 이와는 다른 차원의 질문을 해볼 수 있다. 그룹화하지 않고 판단하는 것이 가능할지, 그룹화하여 판단하는 것이 오히려 그릇된 판단을 이끌어낼 가능성이 높지는 않을지에 대한 질문이다. 예를 들어, 기업의 채용 과정에서 모든 사람은 서로 다르다는 점을 강조하여, 기존의 직원이나 새로운 지원자들을 유형화하고 그룹을 만들어서 판단하는 것 자체가 잘못된 것이라는 시각도 있을 수 있다. 그 외에 경찰에서 경찰력의 배치에 관한 판단을 하는 과정에서 인공지능의 도움을 받는다든가, 또는 법원에서 판단을 하는 과정에서 인공지능의 도움을 받는 상황을 가정하더라도 마찬가지다. 이때 제기될 수 있는 근본적인 질문 중 하나가 저마다 다른 개개인의 특성을 어떻게 유형화해서 판단하느냐는 것이다. 이 질문은, 그렇게 하는 것이 정확한 판단에 도움이 되는지에 관한 질문과 그렇게 하는 것이 규범적으로 정당한지에 관한 질문으로 나누어 생각할 수 있다.

이런 질문에 답을 하기 위해서, 그룹화하는 것이 의미 없다는 가정에서 출발해보자. 만일 채용 지원자가 모두 다르기 때문에 공통점을 찾아 그룹화하는 것이 의미 없다면, 회사의 인재상에 부합하는 후보에 관해 합리적인 예측을 하는 것 자체가 어렵다는 뜻이 된다. 그렇다면 극단적으로는 채용을 무작위로 할 수밖에 없다는 뜻이 될 수도 있다. 회사에서 인력을 채용할 때 개인별 특징을 특징 그 자체로 받아들이고, 어떤 식으로건 일반화나 그룹화의 과정을 거치지 않는다면 후보자가 해당 회사에 적합한 사람인지 판단할 근거 자체가 사라지기 때문이다.

사람의 판단은 결국 자기가 살아오면서 겪은 직접 경험, 간접 경험을 그룹화하고 일반화하여 판단하는 것임을 부인할 수는 없다. 만약 그게 가능하지 않다면 인간의 학습이라는 것 자체가 의미가 없어지게 된다. 인공지능의 경우에도 그룹화하고 일반화하는 과정을 통해 학습이 이루어진다는 점은 마찬가지다.

사람보다 믿을 만한 '인공지능의 그룹화'

그룹화하여 판단하는 것보다 더 중요한 것은 그룹화를 통해 판단하고 예측하게 되는 판단 메커니즘 자체를 계속해서 업데이트하는 것이다. 개개인이 가진 판단 방식은 현실에 부합하지 않는 것일 수 있다. 시대에 뒤처진 것일 수도 있다. 선입견이나 편견에 빠지지 않기 위해서는, 각자 스스로의 판단 메커니즘을 객관화하여 재검토하는 작업을 반복할 필요가 있다.

인공지능도 그 점에서 마찬가지다. 기존의 평가자료가 없다든지 하는 경우에는 인공지능을 활용하여 그룹화를 통해 유용한 예측모형을 마련하는 것이 어려울 수 있다. 예측모형 마련이 아예 불가능하다고 하면 인공지능이 할 수 있는 것은 무작위 선택밖에 없다. 예컨대 채용 맥락이라고 하면 일단 무작위로 사람을 뽑는 것이 된다. 인공지능 영역에서는 이를 콜드 스타트cold start 문제라고도 한다. 다만, 이렇게 무작위로 사람을 뽑은 다음, 사후적으로 평가해서 어떠한 특징을 가진 사람들이 생산성이 높고 회사에 많은 기여를 하는지에 관한 특징을 추출해내는 작업을 진행할 수 있다. 점차 시간이 지나면서 지속적으로 업데이트가 가능하다면, 그러한 업데이트의 도움을 받은 인공지능은 새롭게 인재 채용의 기준을 만들어낼 것이고 반복적인 업데이트의 과정을 통해 더 정확한 판단을 하게 될 것이다. 이 과정은 결국 그룹화를 통한 예측의 과정이 될 수밖에 없다.

그런 점에서 그룹화 자체는 인간에게든 인공지능에게든 불가피한 것이다. 다만 그룹화라는 것이 객관적인 데이터에 기반하도록 하고, 편견이나 편향은 최소화하는 노력을 하는 것이 중요하다. 인공지능이 진정한 역량을 발휘할 수 있는 것은 업데이트가 가능하고, 그 과정을 통해 편향을 줄여갈 수 있다는 특징 때문이다. 인간은 생각과 판단의 과정이 매우 불투명하고, 이를 업데이트 하는 과정 또한 불투명하다. 그에 비해 인공지능은 편향으로부터 인간보다 자유롭고, 주어진 데이터를 충실하게 반영하는 업데이트 또한 가능하다. 인공지능은 인간보다 더 객관적으로 데이터로부터 공통점을 찾아 그룹화할 수 있다. 그리고 이를 통해 우리가 일관적이고 체계적인 의사결정을 하는 데 도움을 줄 수 있다. 다만 그렇게 하는 것이 가능하기 위해서는 유용한 데이터의 확보를 비롯한 여러 전제가 충족되어야 한다.

왜 에밀리는 자말보다 취업을 잘할까?

2004년 미국의 유수 경제학 학술지 《미국경제학리뷰AER,

American Economic Review》에 「에밀리와 그레그는 라키샤나 자말보다 취업에 더 성공적일까?Are Emily and Greg More Employable Than Lakisha and Jamal?」라는 흥미로운 제목의 논문이 발표되었다.[25] 논문을 통해 연구자들은 미국 사회에 만연한 인종적 편향의 현실을 보여주었다.

이 연구를 위해 연구자들은 임의로 다수의 취업 준비자 이력서를 만들어서 채용 과정에 있는 여러 회사에 보냈다. 이력서 중에는 에밀리와 그레그와 같이 전통적으로 백인들이 사용하는 이름도 있고 라키샤와 자말과 같이 흑인들이 주로 사용하는 이름도 포함되어 있었다. 논문은 제출된 이력서 중에서 콜백(회신)을 받는 비율이 백인과 흑인 사이에 어떤 차이가 있는지를 분석한 것이다. 분석 결과, 백인 이름은 50퍼센트 더 많은 콜백을 받았고, 이러한 차이는 개별 직군, 산업, 기업 규모를 불문하고 일관적으로 나타나는 현상임이 밝혀졌다. 다음 그림이 이 연구 결과의 일부를 요약하여 보여주는 것이다. 유사한 수준의 내용이 담긴 이력서를 기준으로(각각 '높음(High)' 및 '낮음(Low)') 백인과 흑인 이름 사이에 콜백 비율이 확연히 다른 것을 확인할 수 있다.

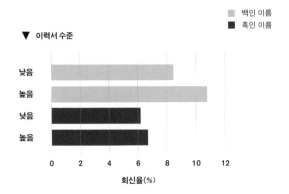

legend:
- 백인 이름
- 흑인 이름

▼ 이력서 수준

낮음
높음
낮음
높음

0　2　4　6　8　10　12

회신율(%)

편향과 취업의 상관관계

이 논문이 보여주는 결과는 선호기반 차별taste-based discrimination이라고 해석할 수도 있고 통계기반 차별statistics-based discrimination이라고 해석할 수도 있는데, 아무튼 이를 통해 미국 사회에서 인종에 대한 편향이 취업 시장에서 어떤 상황을 만들어내고 있는지를 실증적으로 확인해주었다.

이 연구가 시사하는 것을 인공지능 관점에서 다시 생각해보자. 이 연구 사례가 보여주는 편향은 해결책을 제시하는 것이 어렵지 않다. 이력서에 표시된 이름만 지워도 문제의 일정 부분은 해결될 가능성이 있다. 이름을 통해서 인종을 쉽게 추정하고, 이를 통해 후보자의 자질에 대한 선입견을 형성하는 것이 문제의 원인일 수 있기 때문이다. 앞서 언급한 대체변수 등의 이슈로 인해 이름을 지우는 것만으로는 문제가 모두 해결될 수는 없겠지만, 이름을 지우는 것이 문제해결에 도움이 될 수 있다. 경우에 따라서는 인공지능을 활용하여 사회적 편향의 문제를 손쉽게 최소화할 수도 있다.

우리 사회의 차별을 드러내는 인공지능

또 다른 사례로 앞에서 논의했던 아마존의 채용 알고리즘 사례를 생각해보자. 아마존의 경우 애초에 지원자 중에서 여성의 비율이 낮았는데, 기술영역에 지원한 사람 중 여성 비율은 더욱 낮았다. 이로부터 여성은 합격자 비율도 낮았을 가능성이 크고, 여성 합격자 중에서 회사에 오랜 기간 근무하면서 좋은 성과를 낸 비율도 높지 않았을 가능성이 크다. 그로 인해 인공지능 개발을 위한 학습용 데이터 자체에 여성 데이터가 충분히 확보되지 않았을 수 있다. 인공지능 알고리즘과 데이터를 검증해 보면 편향이나 한계의 원인에 대해 좀 더 명확하게 파악하는 것이 가능하다.

그런데 인공지능과 무관하게 채용 절차를 진행하는 맥

락에서는 고용주에게 왜 여성 지원자나 흑인 이름을 가진 지원자에게 불이익이 나타났는지 묻는다면, 아마도 상당수 고용주가 자신은 차별하지 않았다고 대답할 것이다. 그리고 '우리 회사의 인재상과 맞지 않아서'라고 일반론적인 대답을 하는 경우도 적지 않을 것이다. 한편 그러한 대답을 하는 경우에, 실제로 그렇게 생각하는 경우도 있을 수 있고, 마음속으로는 차별적인 생각을 품고 있는 경우도 있을 수 있다.

그렇게 보면 인공지능은 차별이나 편향에 대해 명확하게 파악하는 데 도움을 줄 수 있음을 알 수 있다. 위에서 살펴본 것과 같이, 흑인이기 때문에 채용 기회의 측면에서 통계적으로 불이익이 발생하기도 하고 채용을 위한 인공지능을 개발하는 과정에서 여성에 대해서 불이익이 나타나기도 하는데, 이러한 불이익이 실제로 존재하는지 여부에 대해서는 인공지능을 이용하는 경우에 좀 더 명확한 파악이 가능하다. 다만, 이러한 차별이나 편향의 존재에 대해 명확히 파악하고 명시적으로 드러내는 것 자체에 대해 불편함이 있을 수도 있다. 이는 사회적 치부를 드러내는 것과 마찬가지일 수 있기 때문이다. 하지만 이 불편함을 인공지능 탓으로 돌리면 곤란하다. 인공지능을 통해 명확히 파악할 수 있게 된 사회적 이슈가 있다면, 이를 새로운 출발점으로 삼아 인공지능을 어떻게 개선할지, 그리고 우리 사회를 어떻게 더 나은 사회로 만들어 갈지 고민해야 한다.

백인에게 유리한 병원 알고리즘?

대체변수의 활용은 윤리적인 측면에서의 시사점을 주기도 한다. 2019년 《사이언스》에 발표된 한 연구결과는 이런 시사점을 얻을 수 있는 유용한 사례다.[26] 이 연구는 미국의 병원에서 환자들에 관한 의사결정의 맥락에서 알고리즘을 이용하는 것에 관한 연구다.

일부 병원에서는 알고리즘은 활용하여 입원환자에 관한 의사결정을 체계화하고 일관성을 확보하고자 했다. 환자 관련 데이터를 분석해서 향후 얼마나 많은 치료와 관심이 필요할 것인지를 계산하여 판단하는 것이다. 가령 앞으로 100만큼의 치료가 필요할 것으로 예측되는 환자와 70만큼의 치료가 필요할 것으로 예측되는 환자가 있다면, 이 중에서 100만큼의 치료가 필요할 것 같은 환자에게 좀 더 신경을 쓰도록 하는 것이다. 그런 방식을 통해, 좀 더 위중할 가능성이 높은 환자에 대해 관심을 더 두도록 하는 의사결정을 할 수 있다.

알고리즘을 구축함에 있어, 향후에 많은 관심이 필요하고 의료자원을 많이 쓰게 될 환자에 대한 판단을 하기 위해 기준으로 삼은 것이 대체변수다. 미래의 상황에 관하여 측정가능한measurable 지표를 마련해야 알고리즘 구축이 가능할 것인데, 이를 명확히 알려주는 지표가 없기 때문에, 이를 가늠하는 데 도움이 될 변수를 찾아서 이용하는 것이다. 많은 의료자원의 투입이 필요할 것으로 예상되는 환자를 파악하기 위해 실제로 이용된 변수는 향후 예상되는 의료비 수준이었다. 향후에 의료비 지출이 많을 것으로 예상되는 환자는 퇴원 후의 경과가 좋지 않은 환자일 가능성이 크고, 그런 환자일수록 입원해 있는 동안 최대한 좋은 치료를 받도록 해서 퇴원 후 경과를 가급적 좋게 만들기 위한 노력이 필요하다는 논리가 배경에 있는 판단이었다.

그런데 논문의 연구자들이 밝혀낸 것은, 이런 판단에 기초하여 구축된 알고리즘이 왜곡된 결과를 가져올 가능성이 있다는 것이었다. 사회경제적 맥락을 고려하여 분석해 보니, 앞으로 높은 수준의 의료비 지출이 예상되는 유형의 환자들 중에는 백인이 많았고, 반대로 낮은 수준의 의료비 지출이 예상되는 환자들 중에는 흑인이 더 많았던 것이다. 이러한 결과가 나타난 배경에는, 아마도 흑인들 중에 아프더라도 병원에 가지 않거나 가기 어려운 환경에 놓인 환자의 비율이 상대적으로 높고, 그로 인해 의료비 지출이 적게 나타나는 경우가 적지 않다는 사회적 요인이 있었을 것이다. 이 논문이 암시하는 것을 단순하게 일반화하면, 흑인들은 퇴원 후에도 병원을 통한 치료를 충분히 받지 못할 가능성이 있을뿐더러, 입원해 있는 동안에도 치료 우선순위에서 밀려날 가능성이 있다는 것이다.

아무튼 이 논문은 향후의 예상 의료비 지출을 대체변수로 활용한 알고리즘은 당초의 의도와 무관하게 흑인들의 의료 접근을 더욱 어렵게 하는 결과를 초래할 수 있음을 밝혔다. 이 결과를 감안하여 실제로 알고리즘에 대한 개선작업이 진행된 바도 있다. 알고리즘이 당초의 설계 목적과는 달리 왜곡된 의사결정을 초래할 수도 있다는 것을 보여준 중요한 논문이다. 이 연구가 보여주는 더욱 중요한 시사점은 알고리즘에 대한 검토와 개선을 통해 당초의 목적에 좀 더 부합하는 결과를 마련하는 것이 가능하다는 점이다.

최근에는 알고리즘을 이용하는 과정에서의 사회적인 부작용을 염두에 두고 '알고리즘 중립성'이라는 표현이 언급되기도 한다. 알고리즘 중립성 개념을 어떻게 바라볼 것인가? 알고리즘은 기본적으로 문제를 풀어가는 단계에 대해 정해놓는 것이므로, 이에 대해 중립성이 있는지 논의하는 것 자체가 부적절한 면이 있다. 알고리즘은 그 자체로는 단순한 도구일 뿐이기 때문이다.

한편 알고리즘을 활용한 결과는 중립적이지 않을 수도 있고 부작용을 보일 수도 있다. 알고리즘은 관련된 의사결정 메커니즘을 통해 어떤 사회적 문제가 존재하는지, 그리고 어떤 부작용이 나타날 수 있을지에 대해 더욱 명료하게 파악할 수 있도록 해준다. 그리고 그로부터 개선책을 마련해가는 데 알고리즘이 도움이 될 수 있다. 결국 사회적 맥락에서 알고리즘은 문제의 존재를 명확히 파악하는 데 도움이 될 수 있고, 문제의 원인을 파악하고 해결책을 마련하는 데에도 도움이 될 수 있다.

인공지능 기술을
신뢰할 수 있기 위하여

이제 인공지능을 통해 우리가 어떤 미래상을 그릴 것인지에 대한 논의가 절실한 시점이 되었다. 인공지능 기술의 발전을 사회에서 어떻게 받아들일 것인지에 관해 본격적인 질문을 던지고 함께 논의해야 하는 것이다. 인공지능에 대한 투자가 어떤 방향을 바라보며 이루어져야 하는지, 새로운 기술의 도입을 사회적인 관점에서는 어떻게 바라볼 것인지, 그래서 앞으로 미래 사회는 어떻게 변해가야 하는지에 대한 고민이 좀 더 본격화될 필요가 있다.

이 고민은 공학자들만의 고민일 수는 없다. 철학자나 법학자들만의 고민이어서도 안 된다. 우리 사회 모두의 문제다. 고민의 과정을 통해 사회적으로 중요한 대원칙과 기준이 마련되어야 할 것이고, 그러한 원칙과 기준이 개개의 인공지능 모형을 만들어가는 데 실제로 반영되도록 할 필요가 있다. 입력값이나 결과값에 대한 통제를 포함하여 인공지능에 관한 온갖 질문들은 매우 사소한 것일 수도 있지만, 결국 서로 연결되는 거시적인 것이기도 하다.

트롤리 딜레마

자율주행차에 관해 언급할 때 흔히 언급되는 것 하나로 트롤리 딜레마trolley dilemma가 있다. 트롤리 딜레마는 자율주행차와 무관하게 언급되던 개념인데, 자율주행차와 연관해서 여러 가지로 변형되면서 재해석되는 개념이다. 다음 그림은 이 딜레마의 한 형태를 보여주는 것으로, 자율주행차가 운행 중 위험 상황을 만났을 때 발생할 수 있는 3가지 딜레마 상황을 보여준다.[27]

먼저 그림 a는 여러 사람이 도로에 있는 것을 인식한 자율주행차가 이를 피하기 위해 인도 방향으로 주행 방향을 급히 틀게 되고, 그 과정에서 행인 한 명에게 피해를 입히는 상황이다. 그림 b는 무단횡단하는 행인 한 명을 발견하

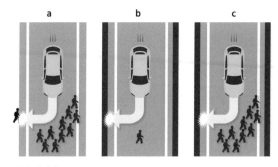

트롤리 딜레마

고 그 사람을 피하기 위해 벽에 가서 부딪히는 상황이다. 그리고 그림 c는 여러 사람이 도로에 있는 것을 파악한 긴급 상황에서 이를 피하느라 자율주행차가 벽에 부딪히게 되는 상황이다. 자율주행차가 급하게 주행 방향을 바꾸고 멈춰서게 되면서 차 안에 있는 사람이 다치거나 차 자체가 피해를 입을 가능성이 있다.

이 3가지 상황은 어떤 경우든 인명이나 재산에 피해가 발생하는 상황이다. 차 안에 있는 사람과 차 밖에 있는 사람의 숫자와 상황 등 여러 변수에 따라 인명피해의 가능성에 대해 다양한 조합이 가능하고, 어떤 시나리오를 전제하더라도 피해가 발생하는 딜레마 상황이다. 어떤 경우든 만족스러운 답은 없는 것이다. 그렇다면 이때 과연 어떤 선택이 그나마 나은 것일까?

이 질문에 대해 이미 여러 연구자가 다양한 연구를 진행한 바 있다. 그중 하나는 2016년에 《사이언스》에 발표된 것으로,[28] 세계 여러 나라에서의 판단을 비교하여 지역과 나라별로 태도에 어떤 차이가 있는지 정리한 것이다.

트롤리 딜레마가 던지는 질문은 사회윤리적 차원에서의 근본적인 가치체계에 대한 고민을 안겨주는 것이다. 하지만 자율주행차와 관련된 질문은 그 외에도 매우 다양하다. 근본적인 가치체계에 대한 것도 있고, 기술적인 사항에 관한 질문도 있고, 정책적인 판단에 관한 질문도 있다.

자율주행차 중립성

자율주행차와 관련하여 어떤 질문을 할 수 있을지 새로이 생각해보자. 자율주행차에게 중요한 것은, 첫 번째로 도로를 포함한 주행 환경에 대한 정확한 파악이다. 그리고 주행 환경을 고려한 안전하고 신속한 운행을 하는 것이 자율주행차의 본질적인 기능이라 할 수 있다. 이러한 기능의 수행과 관련하여 매우 다양한 법적, 윤리적, 기술적, 정책적인 질문이 나타날 수 있다. 자율주행차뿐 아니라 이동형 로봇을 포함하여 넓게 모빌리티mobility 영역에서의 기술과 서비스에 대해 유사한 질문이 나타날 수 있다.

그런 맥락에서 자율주행차에 대해 알고리즘 중립성 논의의 연장에서 몇 가지 질문을 해볼 수 있다. 현재 차도에서는 별다른 제한 없이 자동차 운행이 허용되는 것이 원칙이다. 그런 의미에서 일종의 중립성 의무가 있다고 해석할 수 있다. 하지만 교통이 번잡한 지역에서는, 예를 들어 버스 전용차선을 두어 해당 차선은 버스에 한해서만 운행을 허용하는 제도를 두고 있다. 아예 차선을 별도로 할당한 것은 중립성 원칙의 예외라고 할 수 있다. 한편 응급차에 대해서는 차선을 별도로 할당하지는 않지만, 차선을 양보해야 하는 의무를 부과하는 방식으로 편의를 제공하고 있다. 이 또한 중립성에 대한 일종의 예외라고 볼 수 있다.

자율주행차에 관해서도 필요에 따라 더욱 다양한 '차등적' 대우를 하는 것이 가능할 수 있다. 적어도 기술적으로는 가능한 대안이 늘어날 것인데, 이를 사회적, 정책적으로는 어떻게 바라볼 것인지에 관한 질문이 나타날 수 있다. 예를 들어, 차량 내 승객 수에 따른 차등이나 신속한 이동이 필요한지에 따른 차등을 고려해볼 수 있다. 실제로 운전을 하다 보면 평소와 달리 정말로 긴급한 이동이 필요한 상황이 가끔 있다. 이와 같은 경우를 인공지능이 파악하여, 이동이 급한 예외적인 상황에서는 빨리 갈 수 있도록 시스템적 배려를 해주는 것이다. 예를 들어 응급 수술이 필요하다는 연락을 받고 급하게 병원으로 가게 된 의사가 운행하는 차량과 그 이외의 일반적인 차량을 구분하여 관리 또는 통제할 수 있다. 이런 방식에 대한 이용자의 남용이 우려된다면 남용 방지장치를 구상할 수도 있다.

그런데 이와 같은 자율주행차 '중립성'은 현실적인 것일까? 가상의 사안을 설정하여 언급했지만, 그 외에도 매우 다양한 구체적인 상황을 상정하여 논의할 수 있다. 이처럼 다양한 인공지능과 관련된 법제도적, 정책적 의사결정에 대해, 누가 결정해야 하는지, 또한 어떤 원칙과 기준에 기초하여 의사결정을 할 것인지 등 판단의 전제가 되는 여러 사항이 명확하지 않은 경우가 많다. 의사결정의 결과에 따라 이해관계가 크게 엇갈리는 경우도 많다. 그래서 의사결정이 쉽지 않을 수 있다. 흔히 인공지능과 관련하여 거버넌스governance가 중요하다는 말을 한다. 간단히 말해 거버넌스는 의사결정의 주체와 절차에 관한 것이다. 인공지능은 여러 영역에 영향을 미칠 수 있는 것으로 인해, 관련된 법제도나 정책적 논의가 복잡해지기도 쉽고 관할권에 관한 논의도 복잡해질 수 있다. 제도적으로는 논의를 위한 거버넌스를 잘 구축하는 것이 매우 중요한 출발점이 된다.

인간의 권한 vs 컴퓨터의 권한

인공지능 세상의 미래를 생각할 때 또 다른 고민으로 부각되는 것이 인간과 인공지능의 상호작용 및 역할 분담에 관한 것이다. 인간과 인공지능이 상호작용을 하고 역할 분담을 하는 상황이 늘어나고 있는데, 이런 상호작용과 역할 분담을 어떤 원칙에 의해서 어떻게 할 것인지에 관해 질문하지 않을 수 없다.

2016년 12월 독일 베를린에서는 대형트럭에 장착된 자동 브레이크 장치AEB, advanced emergency braking가 대형 참사로 인한 피해를 줄인 사건이 있었다. 대형 트럭이 테러를 목적으로 크리스마스 시장을 향해 돌진하는 일이 발생했는데, 적지 않는 인명피해를 내기는 했지만 트럭에 장착되어 있던 자동 브레이크 덕분에 트럭이 멈추면서 그나마 초대형 참사가 벌어지는 것은 방지할 수 있었던 것이다. 유럽연합에서는 대형 트럭에 자동 브레이크 장치를 설치하는 것이 2014년부터 의무화되어 있었기에 피해가 더 커지는 것을 방지하는 효과를 볼 수 있었다.

이와 전혀 다른 맥락의 사건을 보자. 몇 년 전에 보잉 737 맥스 기종의 비행기 두 대가 몇 개월 차이로 추락한 사건이 있었다. 한 번은 2018년 10월 인도네시아 근처에서, 또 한 번은 2019년 3월 에티오피아에서 추락했다. 두 사건 모두 추락하게 된 배경 요인이 비슷했다. 비행기에 있는 각도 센서가 오작동을 한 것이었다.[29]

비행기가 이륙한 지 얼마 안 되어 한참 각도를 높여 올라가고 있는 시점에서, 오류가 생긴 각도 센서는 비행기가 지나치게 높이 기수를 들고 있다는 시그널을 보냈다. 그러자 비행기의 자동장치MCAS, Maneuvering Characteristics Augmentation system 가 작동하여 비행기의 기수를 급히 낮추었다. 기록을 보면, 실제 비행기를 운항하던 파일럿은 이를 인식하고 수동으로 기수를 올리려고 노력했지만, 안타깝게도 오작동하던 자동장치를 바로잡을 수 없었다. 어찌 보면, 파일럿이 수동으로 노력한 결과가 제대로 작동하지 않으면서 센서의 오류 및 그와 연계된 자동장치의 작동이 궁극적으로는 대형 참사를 가져오게 된 셈이다.

두 가지 유형의 사고를 통해 어떤 시사점을 얻을 수 있을까? 트럭 사고의 경우에는 자동 브레이크가 작동한 덕분에 사고가 커지는 것을 방지할 수 있었던 반면, 비행기의 경우에는 오히려 자동장치가 작동하면서 사람이 오작동을 수정할 수 없어서 결국 대형 참사가 벌어지게 된 것이다.

이 두 사례는, 자동장치를 이용하는 상황에서 인간의 역할과 자동장치의 역할 사이에서 역할을 나누는 것이 무척이나 어려운 것임을 보여주는 것이라 할 수 있다. 일의적인 답을 마련하는 것은 적당하지 않고, 개별 맥락이나 상황을 고려하여 각기 다른 메커니즘을 구상할 필요가 있음을 보여주는 것이기도 하다. 흔히 인공지능에 의한 의사결정의 과정에 인간의 개입이 필수적human-in-the-loop이라고 한다. 하지만, 개별 상황에 따라서는 인간의 개입이 없도록 하는 것이 더 일관적이거나 더 안전한 결과를 가져올 수도 있다.

인공지능의 궁극적 과제는 '신뢰'

우리가 인공지능 세상에 대해 가지는 가장 궁극적인 질문은 인공지능을 얼마나 믿을 수 있겠느냐 하는 것이다. 결국 신뢰 문제로 귀결되는 것이다. 앞서 인공지능의 투명성이나 설명가능성에 대해 논의를 했지만, 이런 개념이 중요한 화두로 제시되는 커다란 이유는 아직 우리가 인공지능에 대해 충분한 신뢰를 형성하지 못하고 있다는 것이 배경에 있다. 만일 인공지능이 사회적 규범을 적절히 반영하여 '좋은' 판단을 할 것이라는 신뢰가 충분히 형성된 상황이라면, 투명성이나 설명가능성에 대한 요구가 크게 줄어들 것이다.

비행기를 탈 때는 비행기가 사고가 나지 않을 것이라고 믿으니까 타는 것이다. 자동차를 타거나 운전할 때에도 자동차가 고장나지 않고 오작동하지 않을 것이라는 믿음이 있기에 타는 것이다. 비행기를 타기에 앞서 비행기 엔진의 작동방식에 대해 설명을 요구하거나 비행기 계기판의 작동에 대해 투명성을 요구하는 탑승객은 상상하기 어렵다. 마찬가지로, 자동차를 운전하면서 자동차 엔진의 원리에 대해 설명을 요구하든가, 운전석의 액셀러레이터에서 어떻게 구동축으로 에너지가 전해지는지를 상세하게 파악하면서 운행하는 운전자는 많지 않을 것이다.

비행기나 자동차를 비롯하여 복잡한 기계 장치에 대해 상당한 신뢰가 있으므로, 작동 방식에 대해 상세하게 알지 못하더라도 대다수의 이용자는 주저 없이 이용하는 것이다. 반대로 신뢰가 없다면, 여러 가지를 캐묻고 이용을 주저하게 되는 경향이 나타날 것이다. 그런 점에서 현재 우리는 인공지능에 대해 비행기나 자동차만큼의 신뢰는 없다고 할 수 있다. 인공지능 원칙의 일부는 신뢰를 얻기 위한 목적으로 제시되는 것이라고 재해석할 수 있다.

앞에서 인공지능의 작동에 관해 인간의 역할human in the loop이 어떠해야 할지에 대해 하나의 답이 있는 것은 아님을 보았다. 인간의 역할을 강조하는 것은 인공지능에만 맡기면 오작동이나 부작용이 있을 수 있다는 암묵적인 생각을 전제로 하는 것이다. 그리고 그 경우에 인간이 오작동이나 부작용을 바로잡을 수 있다는 판단 또한 전제되어 있다.

그런데 개별 상황에 따라서는 그 반대의 상황을 요구하는 시각도 어렵지 않게 볼 수 있다. 예를 들어, 인공지능을 이용한 뉴스 배열 알고리즘에 관해 사회적 논란이 종종 발생하는데, 이때는 오히려 사람이 아예 관여하지 않는 것이 합당하다고 보는 시각이 적지 않다. 블라인드 채용 제도가 도입된 배경에도 사람의 인위적인 판단에 대한 우려가 있고, 그로부터 인공지능 면접에 대한 수요가 나타나게 된 면이 있다.

이처럼 인공지능의 일부 맥락에서는 인간이 개입하는 것이 정당화되는 한편, 또 다른 측면에서는 인간의 역할이 최소화될 것이 요구되기도 한다. 상황에 따라 필요한 관여의 내용이나 방식도 달라질 수 있다. 인공지능에 대한 관여의 수준에 유연성이 있으려면 더욱 더 신뢰의 확보가 중요하다.

2부에서 살펴본, 대학교에서의 수강내역과 취업 후 성과 사이의 관계에 대한 가상의 사례를 다시 생각해보자. 이 사례는, 후보자군을 한 그룹으로 묶어서 평가하는 것보다 둘 또는 그 이상의 그룹으로 나누어 평가하는 것이 더 정확하고 유용한 결과를 가져올 수 있다는 것을 알려주는 것이었다. 사회경제적으로 취약한 층에 속하는 그룹과 그렇지 않은 그룹을 구분하지 않으면 평가에 왜곡이 나타날 수 있기 때문에 그러한 구분이 필요하다는 것을 명시적으로 밝혀주는 것이었다. 한편, 이 사례에서 후보자군을 복수의 그룹으로 나누기 위해서는 후보자들의 사회경제적 상황에 대한 정보가 필요하다. 여기에 딜레마가 있다. 올바른 평가를 위해서는 후보자들에 관한 사회경제적 정보를 감안할 정당한 필요성이 있는데, 다른 한편 사회경제적 정보가 주어지면 그에 기초하여 취약계층에 대한 불이익이 더욱 크게 발생하지 않을까 하는 의심의 시각이 있을 수 있다.

이를 더 일반화하면, 훈련 데이터나 입력값에 대한 통제에 관한 논의와 연결된다. 훈련 데이터나 입력값에 대해 통제를 하면 그에 따라 인공지능 알고리즘의 성능은 전반적으로 저하될 수밖에 없고, 기대하는 성과를 내지 못할 가능성이 커진다. 다른 한편, 훈련 데이터나 입력값에 대한 통제를 하지 않으면 사회적 차별이 심화되는 등 부작용이 커지지 않을까 하는 우려가 본격화되어 나타날 수 있다. 이런 우려를 불식시키기 위해서는 인공지능 윤리에 대한 지속적인 관심을 통해 사회적 신뢰를 충분히 쌓기 위한 노력을 본격적으로 기울일 필요가 있다.

공정한 머신러닝 Fair Machine Learning에서는
주로 어떤 연구를 하는가?

공정성 개념은 흔히 사회적 맥락을 전제로 언급된
다. 한편, 인공지능 기술은 얼마 전까지 사회적인
맥락에 대한 깊은 고려 없이 개발되는 경우가 많았
다. 기술 개발을 통해 정확성 등 성능지표를 높이
는 것이 중요한 것으로 흔히 인식되기 때문이다.
그러다가 인공지능 기술이 공정한 사회의 구현과
상당한 관련이 있을 수 있다는 문제제기가 이루어
지면서, 최근 들어 공정한 머신러닝에 대한 관심

이 급속도로 커졌다.

예를 들어, 안면인식 인공지능의 개발을 생각
해 보자. 기술개발을 하는 입장에서는 인식의 정
확도를 높이는 것에 주로 관심을 갖는 것이 당연
하다. 그런데 만일 남성에 대해서는 거의 완벽할
정도로 정확하게 인식하는데 반해, 여성에 대해
서는 절반 정도만 제대로 인식하는 인공지능이 개
발된다면, 이런 인공지능을 사회적인 시각에서는
어떻게 바라보게 될 것인가? 순식간에 차별에 관
한 논란이 불거지게 될 것이다. 공정한 인공지능
은 이러한 유형의 문제의식에서 출발하여, 공정
성 개념을 인공지능의 맥락에서 체계화하기 위한
연구를 지속하고 있는 영역이다.

인공지능 윤리에 대해 현재 어떤 논의
가 진행되고 있는가?

인공지능 윤리에 대한 관심은 최근 몇 년 사이에

국내외에서 급속도로 커졌다. 학계에서의 논의는 미국과 유럽에서 매우 활발하게 진행되고 있는 한편, 이러한 결과로부터 공신력을 확보하고 현실의 법제도에 반영하기 위한 노력은 대체로 유럽에서 더 적극적으로 이루어지고 있다. 이와 관련된 논의는 공공과 민간 모두에서 이루어지고 있고, 국제기구를 통한 논의가 진행되고 있기도 하다. 개별 기업 차원에서 매우 큰 관심을 보이는 경우도 있다. 국내에서도 최근 몇 년 사이에 관심이 크게 늘었다.

인공지능 윤리 규범의 일부는 법에 반영하도록 하는 시도가 이루어지기도 하고, 그와 달리 자율 규범의 형태로 인공지능 윤리원칙이 준수되도록 할 필요가 있다는 주장이 제기되기도 한다. 유럽 연합에서는 2021년 4월에 인공지능법 초안이 발의되었는데, 이 법안에 담긴 내용 일부는 인공지능 윤리와 관련된 것이다. 국내에서도 최근 발의된 인공지능 관련 법안에는 인공지능 윤리와 관련된 내용이 담기는 경우를 볼 수 있다. 이러한 실정

법 차원의 논의와 별개로, 정부에서 인공지능 윤리원칙을 제시하고, 그 후속으로 실행가이드 유형의 상세지침을 마련하여 제공하기 위한 논의도 지속되고 있다.

인공지능 논의의 분기점에서

인공지능은 실제로는 매우 다양한 기술을 뭉뚱그려 언급하는 것이다. 일상생활에 도입되고 상용화되는 과정에서는 더욱 다양한 맥락을 고려해야 한다. 한편, 인공지능 윤리를 통해 언급되는 사항들 또한 매우 다양하다. 인공지능 윤리의 영역에서 다루어지는 이슈들은 전통적인 윤리학 영역에서 주로 다루어지는 이슈들과 상당히 큰 차이가 있는 것이기도 하다.

기술도 다양하고 윤리를 포함한 규범적인 차원에서의 이슈들 또한 다양하기 때문에, 인공지능 윤리의 영역에 관해 갈래를 잡고 체계화하여 이해하는 것 자체가 쉽지 않은 과제다. 넓게 보면, 현재는 학계에서도 관련 이슈들을 체계화하여 정리하는 것에 많은 노력이 이루어지고 있는 단계라 할 수 있다. 사회적, 정책적 차원에서의 대응에 관해서 논의가 이루어지고는 있지만 아직까지는 상당히 초기단계다.

다른 한편, 기술의 발전이 워낙 빠르게 이루어지고 있고, 기술의 발전이 실제 서비스에 반영되는 것도 매우 빠르게 진행되고 있기 때문에, 그와 관련된 사회적 이슈들에 대한 논의는 매우 시급한 것이기도 하다. 그중 일부 사항들에 대해서는 법제도에 명시적으로 반영하기 위한 논의가 국내외에서 진행되고 있다. 우리 사회가 장차 어떤 인공지능 시대를 맞이할 것인지에 관한 윤곽을 잡아가는 데에 있어 현시점의 논의가 결정적인 역할을 할 것이다.

1. Artificial intelligence and privacy, Datatilsynet, the Norwegian Data Protection Authority (2018)

2. Songül Tolan, "Fair and Unbiased Algorithmic Decision Making: Current State and Future Challenges", JRC Digital Economy Working Paper 2018-10, EC Joint Research Centre (2018)

3. University of Toronto, The Citizen Lab, "The Many Identifiers in Our Pockets: A primer on mobile privacy and security" (2015)

4. http://sapi.co.kr/blog/2020/12/24/daig-magazine-2020-12-창간호-데이터의-수집-경로와-현황/

5. ICO, "Personal information and political influence, Democracy disrupted" (2018)

6. Youyou Wu, Michal Kosinski, and David Stillwell, "Computer-based personality judgments are more accurate than those made by humans," PNAS112(4)(2015).

7. Claudia Golden, "Orchestrating Impartiality: The Impact of 'Blind' Auditions on Female Musicians," American Economic Review 90(4) (2000). 단, 이 논문의 통계학적 분석 기법에 대해서는 논란이 존재한다.

8. Daniel Ho & Alice Xiang, "Affirmative Algorithms: The Legal Grounds for Fairness as Awareness," University of Chicago Law Review Online (2020), https://lawreviewblog.uchicago.edu/2020/10/30/aa-ho-xiang/

9. "New AI can guess whether you're gay or straight fro a photograph," The Guardian (2017. 9. 8), https://www.theguardian.com/technology/2017/sep/07/new-artificial-intelligence-can-tell-whether-youre-gay-or-straight-from-a-photograph. 해당 이미지는 실제 실험에 쓰인 이미지가 아니라, 기술을 설명하기 위해 그린 일러스트이다.(일러스트 ⓒAlamy)

10. Nicola Jentzsch, "Financial Privacy: An International Comparison of Credit Reporting Systems," (2007), Figure 2.1

11. http://www.niceinfo.co.kr/creditrating/cb_score_1_4_1.nice

12. Songül Tolan, "Fair and Unbiased Algorithmic Decision Making: Current State and Future Challenges", JRC Digital Economy Working Paper 2018-10, EC Joint Research Centre (2018)

13. Bo Cowgill and Catherine E. Tucker, "Algorithmic Fairness and Economics," (2020).

14. Indrė Žliobaitė, "A survey on measuring indirect discrimination in machine learning" ACM Journal (2015), https://arxiv.org/abs/1511.00148

15. Jon M. Kleinberg, Sendhil Mullainathan, and Manish Raghavan, "Inherent Trade-Offs in the Fair Determination of Risk Scores," (2016), https://arxiv.org/abs/1609.05807v2 (subsequently in Proceedings of Innovations in Theoretical Computer Science (ITCS), 2017).

16. Daniel Ho and Alice Xiang, "Affirmative Algorithms: The Legal

Grounds for Fairness as Awareness," University of Chicago Law Review Online (2020).

17. James Vincent, "Twitter's photo-cropping algorithm prefers young, beautiful, and light-skinned faces," The Verge(2021.8.10.).

18. David Gunning, "Explainable Artificial Intelligence (XAI)" (2016)

19. Sameer Singh, "Explaining Black-Box Machine Learning Predictions", https://theblue.ai/blog/lime-models-explanation/, https://www.slideshare.net/0xdata/explaining-blackbox-machine-learning-predictions

20. Marco Tulio Ribeiro, et al., "Local Interpretable Model-Agnostic Explanations (LIME): An Introduction", https://www.oreilly.com/content/introduction-to-local-interpretable-model-agnostic-explanations-lime/, https://theblue.ai/blog/lime-models-explanation

21. Samuel D. Warren and Louis D. Brandeis, "The Right to Privacy," Harvard Law Review 4 (1890).

22. Daniel J. Solove, "'I've Got Nothing to Hide' and Other Misunderstandings of Privacy," San Diego Law Review 44 (2007); Daniel J. Solove, "Privacy Self-Management and the Consent Dilemma," Harvard Law Review 126 (2013).

23. Anna Jobin, Marcello Ienca & Effy Vayena, "The global landscape of AI ethics guidelines," Nature Machine Intelligence 1 (Sept. 2019)

24. http://repository.sapi.co.kr/

25. Marianne Bertrand and Sendhil Mullainathan, "Are Emily and Greg More Employable Than Lakisha and Jamal? A Field Experiment on Labor Market Discrimination," American Economic Review 94(4)

(2004); Brooke C, "Are Emily and Greg more Employable than Lakisha and Jamal?" Medium (2017. 5. 27), https://medium.com/@brooke.cusmano/are-emily-and-greg-more-employable-than-lakisha-and-jamal-13d11dfac511

26. Ziad Obermeyer, Brian Powers, Christine Vogeli and Sendhil Mullainathan, "Dissecting racial bias in an algorithm used to manage the health of populations," Science 366 (Oct. 25, 2019).

27. Bonnefon, J., Shariff, A., & Rahwan, I. (2016). The social dilemma of autonomous vehicles. Science, 352(6293), 1573-1576. http://dx.doi.org/10.1126/science.aaf2654

28. Jean-François Bonnefon, Azim Shariff and Iyad Rahwan, "The social dilemma of autonomous vehicles," Science 352 (2016).

29. "The Dangerous Flaws in Boeing's Automated System," New York Times(2019. 4. 4.); "Boeing MAX: A Tale of Two Crashes," Wall Street Journal(2019. 4. 4.).

KI신서 10069

AI는 차별을
인간에게서 배운다

1판 1쇄 발행 2022년 1월 26일
1판 4쇄 발행 2024년 4월 2일

지은이 고학수
펴낸이 김영곤
펴낸곳 ㈜북이십일 21세기북스

서가명강팀장 강지은 **서가명강팀** 박강민 서윤아
디자인 THIS-COVER
출판마케팅영업본부장 한충희
마케팅2팀 나은경 정유진 백다희 이민재
출판영업팀 최명열 김다운 김도연 권채영
제작팀 이영민 권경민

출판등록 2000년 5월 6일 제406-2003-061호
주소 (10881) 경기도 파주시 회동길 201 (문발동)
대표전화 031-955-2100 **팩스** 031-955-2151 **이메일** book21@book21.co.kr

(주)북이십일 경계를 허무는 콘텐츠 리더

21세기북스 채널에서 도서 정보와 다양한 영상자료, 이벤트를 만나세요!
페이스북 facebook.com/jiinpill21   포스트 post.naver.com/21c_editors
인스타그램 instagram.com/jiinpill21   홈페이지 www.book21.com
서울대 가지 않아도 들을 수 있는 명강의! 〈서가명강〉
네이버 오디오클립, 팟빵, 팟캐스트에서 '서가명강'을 검색해보세요!

ⓒ 고학수, 2022

ISBN 978-89-509-9901-8 04300
    978-89-509-7942-3 (세트)